Lesson Plans for the First 30 Days

Getting Started with HighScope

高瞻课程的理论与实践

—— HighScope ——

高瞻课程起步
—— 30 天课程计划

[美]

贝丝·马歇尔（Beth Marshall）

香农·洛克哈特（Shannon Lockhart）　著

莫亚·费森（Moya Fewson）

沙莉　姚尧　夏婧　吴春华　赵清梅　译

教育科学出版社

·北 京·

致　谢

人们常说，践行高瞻课程就像经历一段旅程。很多人很幸运，在这条路上能够得到相关的培训支持，有些人在工作中有导师为他们详细示范，当然还有一些人无师自通，通过阅读相关课程书籍并观看视频来学习。然而，也有少数人从一开始就被要求做到最好！《高瞻课程起步——30天课程计划》（第3版）正是为这些人而写。本书旨在为那些在高瞻课程实践中迈出第一步的教师们提供指导和帮助。这些课程计划均源于密歇根州伊普西兰蒂（Ypsilanti）高瞻示范幼儿园老师和孩子们喜爱的活动。希望这些活动计划有助于启动你的高瞻课程。

感谢那些帮助我在高瞻课程上迈出第一步的人们：玛丽·霍曼（Mary Hohmann）、贝姬·佩雷特（Becki Perrett）和萨姆·汉尼巴尔（Sam Hannibal）。感谢高瞻早期教育部（HighScope's Early Childhood Department）的工作人员给予我的支持与奉献，他们坚持不懈的工作使这条路走起来更加平坦、快捷和轻松。安·爱泼斯坦（Ann Epstein）、玛丽·霍曼、苏珊娜·盖斯莉（Suzanne Gainsley）、凯·拉什（Kay Rush）和波莉·尼尔（Polly Neill）都提供了有价值的反馈意见，以助于形成本书的内容与观点。我还要感谢帕特里夏·墨菲（Patricia Murphy）、艾丽斯·麦凯（Eilis Mckay）、玛格丽特·福勒顿（Margaret Fullerton）、帕姆·拉佛蒂（Pam Lafferty）、雷切尔·安德伍德（Rachael Underwood）、勒内·金（Rene King）、费凯马·兹莱尼（Phakama Mzileni）和菲奥妮·墨里（Fioni Murray），他们运用国际视角拓宽了高瞻课程之路，这在我心中将永远占有特殊的一席之地。还要感谢克莱·肖斯（Clay Shouse）在我撰写此书过程中给予的鼓励。感谢詹妮弗·伯德（Jennifer Burd），她的支持与热情使此书的编写过程如沐春风。我还要感谢高瞻课程的工作人员卡罗尔·马克利（Carol Markley）和卡伦·索耶斯（Karen Sawyers）能够分享他们的宝贵经验。感谢凯茜·普莱斯特利（Kathie Preistley）、埃米·戈尔（Amy Goerl）和简·贝里（Jan Berry）从教学实践的视角对课程计划提出富有价值的深入分析。特别感谢我的合作者们：香农·洛克哈特和莫亚·费森，他们的贡献极大丰富了此课程计划。感谢新一代的高瞻课程教师们，是他们帮助我了解到当今时代对一名新教师的要求。深夜与萨拉·克鲁吉尔金（Sara Krugielki）和艾米丽·马歇尔（Emily Marshall）的谈话也非常有价值。感谢玛丽与罗伯特·皮尤公共教育基金（Mary and Robert Pew Public Education Fund）为本书撰写提供了部分资金支持。最后，我要感谢所有在高瞻旅程中贡献聪明才智的同人们！

贝丝·马歇尔

目　录

引　言
高瞻课程概览

欢迎来到《高瞻课程起步——30天课程计划》。本书所呈现的一系列课程计划旨在帮助你学习如何运用高瞻课程。无论你是一名教师、管理者，还是教学督导人员，或是教师培训者，这本书都会帮助你和你的教学团队以一种积极参与的方式学习高瞻课程。在你认真阅读此书之后，将能够运用这些被证明有效的方法去开发自己的课程计划。

高瞻课程与其他课程的主要区别在于它更加强调以下方面：**主动参与式学习，**师幼互动，计划—工作—回顾过程。在阅读过程中，你会对上述方面有更多的了解。现在，咱们从头说起。

最初，高瞻课程是作为"高瞻佩里学前教育研究"的标志性成果为人们所熟知的，随着持续地研究与实践，高瞻课程不断发展，成为今天的样子。

来自高瞻佩里学前教育研究和相关研究的结果显示：高质量的学前教育项目可以改变儿童未来一生的发展。与没有参加过此类课程的儿童相比，参加过的儿童获得了更大的成功——他们有更好的学业表现，收入更加丰厚，更少犯罪，并且最终以一种更加积极的方式回报社会。

◈

研究已经证明高瞻课程是一种高质量的、有效的课程。那么，这一论断意味着什么呢？大多数课程研究不都是可信的吗？答案是否定的。大多数研究可能是基于已有的研究，即课程开发者对著名的早期儿童教育学者如皮亚杰、维果茨基、布朗芬布伦纳等的相关学说进行了研究，并将之作为自己开发课程的基础。但他们并没有进一步验证他们所开发的课程是否有效。也就是说，他们没有通过研究证明其课程的有效性。与其他课程不同的是，专门针对高瞻课程有效性的研究已经明确证实了该课程在实践中的有效性。

高瞻课程整合了儿童早期发展的各个方面，它所运用的策略不仅来自于科学研究，并且它被实践证明是非常有效的。这些策略不仅能促进儿童的学业发展，而且能促进儿童在社会情感、身体运动以及创造性等方面的发展。与此同时，它为我们提供了一个完整而全面的儿童指导、教师发展、儿童评估及项目评估系统。学会如何有效地运用这个系统后，你将为儿童的生活带来显著的不同。这本书中的课程计划范例将带你迈出新的一步，它将帮你理解如何在活动室里有效地使用高瞻课程。

除了图书、DVD、课程与评估工具等资源外，高瞻课程还提供了工作坊、会议和个性化培训等。登录高瞻官网（www.highscope.org），你可以获取更多有关高瞻课程的信息。

高瞻学前课程学习轮

现在，让我们开始学习更多关于高瞻课程的内容。右边的图表——高瞻学前课程学习轮——用图解的方式说明了高瞻课程的基本原则，这些原则指导着高瞻实践者的日常工作。

高瞻学前课程学习轮

主动参与式学习

高瞻课程教育理念的基本原则是相信幼儿能够自己建立或"构造"自己关于世界的认识，这就意味着学习并非一个简单的由成人将信息传递给儿童的过程，相反，儿童是主动的学习者，他们通过来自他人、物体、事件和想法的直接经验来亲自发现事物。在活动室里，高瞻课程的教师和孩子们一样积极、投入，他们关注并思考投放的各种材料、活动计划，以及他们与幼儿交谈的方式是否既能支持又能挑战幼儿的所思所做。高瞻课程将这种方式称为**主动参与式学习**，在此过程中，教师和幼儿是学习伙伴。主动学习处于高瞻学前课程学习轮的核心地位，以强调它对于课程其他方面的重要性。

主动学习发生在幼儿与他人、物体、事件及想法互动的探索过程中。

首先，必须明确主动性学习所包含的五种要素。

材料　要为儿童提供大量可操作的、有趣的材料。这些材料要能够调动儿童的各种感官，并且是开放性的（也就是说，能够以多种不同的方式来操作），以拓展儿童的经验，激发儿童思考。

操作　儿童摆弄、探究、组合、改变材料，探索想法。他们通过直接的动手操作和心理操作与材料互动，并获得发现。

选择　儿童选择材料和玩伴，改变并形成自己的想法，根据自己的兴趣和需要做出活动计划。

儿童的语言和思维　儿童描述他们所做和所理解的。当他们思考自己的活动并修正自己的想法、打算开始新的学习时，他们会运用语言或非语言的方式进行交流。

成人鹰架　"鹰架"意味着成人在支持儿童当前思考水平的同时也对其提出挑战。成人鼓励儿童当前的努力，并帮助儿童拓展或完成他们的工作。成人可以与儿童谈论他们正在做的事情，可以加入儿童的游戏，也可以帮助儿童学会如何解决出现的问题，通过这些方式，成人为儿童提供了鹰架。

成人—幼儿互动

在高瞻课程中，分享控制权是成人—幼儿互动的核心。课程中有很多达成这一目标的具体策略。幼儿是活动中决策的控制者，他们可以决定在哪里玩、怎么玩，以及玩什么、跟谁玩等。教师则负责需要成人做出决策的事务，包括建立一日常规、创设与布置活动室、确保幼儿的身心安全等。高瞻活动室里绝没有发号施令，也没有"做什么都行"的气氛。相反，高瞻课程倡导一种支持性的氛围，在这种氛围中，一整天之内，幼儿和教师都是合作伙伴。

研究结果显示，师幼互动的方式在幼儿的学习和发展中发挥着非常重要的作用。关于教师的互动风格与儿童发展的积极成果之间关系的研究，为以儿童为导向的互动模式提供了有力支持。这些研究证明，教师越是积极回应的、具有引导性和支持性的，幼儿越是主动地、更加积极地投入当前的工作（Clarke-Stewart; Fagot; and Schweinhart, Weikart, and Larner，as cited in HighScoge Educational Research Foudation，1996）。成人导向的方式并不恰当，它与发展适宜性实践以及我们对主动学习、内在动机、幼儿投入的重要性的理解是不一致的。

鼓励主动性学习的互动策略

看完本书中的 30 天课程计划后，你就会慢慢了解这些策略。尽管这些策略出现在一日常规中的不同环节，但其实它们可以被灵活运用到一天中的各个环节。

为幼儿提供安慰和肢体接触

- 注意观察哪些幼儿需要安慰和肢体接触。那些表现出焦虑和不适、观看他人游戏、快速地从一件材料的操作转向另一件，或是频繁地向教师提问的孩子，往往就是需要你帮助的幼儿。
- 提供使其安心、消除其焦虑的肢体接触。幼儿有时需要握着你的手，或是坐在你盘起的腿弯里，有时需要你用胳膊搂着他，或者只是需要老师静静地待在他的身旁。
- 提供简单的认可。有时，幼儿所需要的仅仅就是对其努力的简单肯定，一个微微的点头，一个微笑，或是一句评价，证明你正在关注他的努力。

参与幼儿的游戏

- 寻找自然加入幼儿游戏的方式。幼儿的探索性游戏（如揉面团、泼水或是用手指涂鸦）、角色扮演游戏

（如扮演成一位派对客人，把娃娃放到娃娃家的小床上，或是假装驾驶一辆小汽车驶入某个街区），或是其他游戏（如简单的纸牌游戏或化装游戏）比较容易加入；而加入建构性的游戏（如用积木搭建一条道路、绘画、搭一座乐高得宝塔）就没有前几种那么容易了。

- 根据幼儿的身高加入他们的游戏。跪下来、坐下来，甚至躺在地板上，这样幼儿就不需要"仰视"你，你也不是"俯瞰"幼儿。
- 与幼儿进行平行游戏。这是一个很有效的策略，它可以告诉幼儿，你接纳他们正在做的事情。很简单，当幼儿操作某些材料时，你就在他附近用同样或相似的方式进行操作。
- 作为玩伴与幼儿一起游戏。这一策略在角色扮演游戏中很有效。
- 为幼儿引荐其他玩伴。这会促使幼儿将自己的才能贡献给他人、看到他人的优势、将每个成员都视为有价值的资源，并进行合作游戏。
- 在当前游戏情境中提出新的建议。教师还可以对幼儿的想法提出挑战，这样可以拓展幼儿的游戏及其对游戏的理解，包括以下具体策略。
  - 在幼儿当前的游戏主题内提出一些建议。
  - 对幼儿所扮演的角色（例如，幼儿扮演的妈妈或小狗）讲话，而

不是对幼儿讲。

□ 尊重幼儿对你的想法所做出的反应。

幼儿能用自己的语言来解释海绵球是旅途中的食物，因为教师让幼儿互相帮助，而不是自己来回答问题。

与幼儿交谈

- 在一天当中的任何时候都能与幼儿进行交谈。当幼儿觉得老师很享受与他们交谈时，他们会更愿意与老师交流。做好就任何话题进行交谈的准备，如过去的事情，活动室里当前发生的事情，在家里发生的事情，对未来的畅想、幻想。就幼儿选择的主题给出感兴趣的评价和真诚的提问，对于幼儿来说，这要比

改变他们的主题或尽力给出你的观点更具有支持性。

- 在面对幼儿的水平位置参与他们的谈话。如果谈话者的头部和眼睛的位置存在明显的高低落差，谈话就很难维持。所以，坐下来、跪下来或蹲下来，和幼儿保持同一个高度，这对于教师来说很重要。这一举动可以告诉幼儿，在谈话中他们可以获得你足够的关注。

- 对幼儿在交谈中的主导给予回应。当成人安静专注地、感兴趣地、耐心地倾听着幼儿的谈话时，幼儿会更加直截了当地表达，或主动将成人纳入谈话。

- 作为玩伴与幼儿交谈。抓住每一次机会，将谈话的控制权还给幼儿。这些具体策略包括以下几点。

□ 坚持幼儿提出的谈话主题。

□ 做出一些评论，使谈话继续进行，不强迫幼儿做出回答。

□ 在进入下一轮谈话前，耐心等待幼儿的回答。

□ 评论尽可能简洁。

- 少提问，若要提问，要使提问便于回答。当教师提问时，教师就取得了谈话的控制权。研究显示，这实际上限制了幼儿通过谈话来分享观点。以下是一些提问策略。

□ 将问题直接与幼儿当前正在做的事情联系起来。阻碍交谈的提问

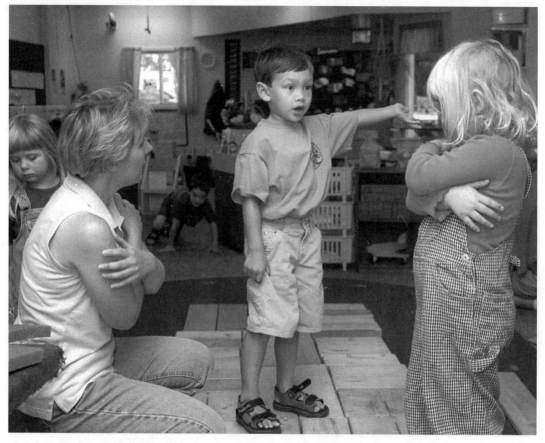

与幼儿互动，而不是管理幼儿，不给予对或错的判断，通过这样做，教师能够帮助幼儿学会如何解决问题。

一般是那些教师已经知道答案的问题，如：那是什么颜色？你有几个？哪一摞更高？当教师的问题是真正出于兴趣而问，并且直接与幼儿正在做的事情相关联，这些问题就可能激发讨论。

□ 就幼儿的思考过程进行提问。最好的一类问题是鼓励幼儿说出他们正在思考些什么，如：你怎么知道的？你认为是什么让……发生的？你怎样能将这个球放到……？如果……，你认为会发生什么？下次你会尝试着怎么做？

鼓励而不是表扬

研究显示，运用表扬和奖励来激励幼儿有很多弊端。表扬可能会导致幼儿对成人的依赖，因为表扬会使幼儿更容易依赖权威者来帮他们解决问题，并且依照权威者的观点来判断对与错。表扬会削弱幼儿自己的努力，会给幼儿的自我认知带来负面影响，还会使幼儿有不安全感和防御心理。

我们提倡用鼓励来代替表扬。鼓励可以告诉幼儿，我们在关注他们的成绩，并且我们很尊重他们的努力。鼓励使幼儿知道，他们可以犯错误，并能从错误中吸取教训，而不会因为犯错而被批评或惩罚。以下是一些鼓励幼儿的策略。

- 参与幼儿的游戏。
  - 参与到幼儿的游戏当中。
  - 观察幼儿正在做些什么，说些什么。
  - 对幼儿的举动和兴趣做出回应。
- 通过以下方式鼓励幼儿描述他们的努力和作品。
  - 鼓励反思性的思考。
  - 提出一些开放性的问题。
  - 重复幼儿的话；仔细倾听。
- 用具体的评价来认可幼儿的工作或想法。
  - 注意到工作中的细节并加以评论，但不做出好与坏的判断。

鼓励幼儿解决问题

- 寻找并关注那些遇到问题的幼儿。
- 如果幼儿可以，就让他们自己解决问题，允许他们持有不同的观点，并进行争论。
- 与幼儿互动，而不是管理幼儿。当成人管理幼儿（直接给幼儿指导、警告或告诉幼儿解决的办法），而不是与幼儿互动时，就会阻碍幼儿面对并自己解决所遇到的问题。
- 以就事论事的态度帮助幼儿解决冲突。当有必要帮助幼儿解决问题时，教师应该有耐心，尊重幼儿，并且不做出对与错的评判。切记，目的并非仅仅在于解决问题——解决问题对成人来说轻而易举，真正的目的在于引导幼儿学会解决问题，这样当再次面对难题时，他们就会渐渐地学会自己解决。
  - 使用第 145—146 页的问题解决六步法。

一日常规

在高瞻课程的一日常规设计中，不仅提供了教师和幼儿所需的连续性和可预知性，同时，这种常规也提供了一定的灵活性，使幼儿既不会感到时间紧促，也不会对完全一成不变的活动内容感到乏味。一天的活动主要包括以下环节：计划时间、实施计划、回顾与反思他们的活动、参加小组活动和集体活动。每天的日程安排都一样，每个环节所占用的时间也基本不变。这样有规律的安排能使孩子们获得一种掌控感，并有助于其独立性的发展。

作为教师，你可以根据课程结构和时间来自行安排一日常规中的各个环节，但其中的计划时间、工作时间、整理时间、回顾时间这四个环节，一定要以上述顺序来安排。在半日课程中，每个环节进行一次。在全天课程中，其中的一个或几个环节可以重复进行，也可以增加一个休息或午睡的时间段。

一日常规表

一日常规表帮助幼儿了解一天当中他们都要做些什么。表中按照时间顺序列出了一天当中不同的时间段。在时间段名称的旁边是一幅小小的图画或照片，以图的方式表示这个环节，如在"户外活动时间"的旁边可以画一个秋千。

以下是两幅一日常规的示例。当然你也可以按照自己的想法设计出其他样式的一日常规表。"时间"这个词在每个环节中都会用到，这样有助于使幼儿将分开的各个时间段联系成为一个完整的一日常规。

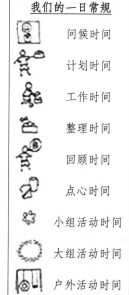

小贴士： 用一个大一点的夹子或晾衣夹来明确表示目前进行到了一日常规中的哪一个环节。随着时间的推移，幼儿会渐渐熟悉一日常规，并且能够自觉地将夹子移动到下一个环节的位置。

幼儿从上到下地"阅读"纵向图表，从左到右地"阅读"横向图表。在横向表格中，每个格子的宽度不同，宽一点的格子代表这个环节相应的时间会长一些。这样的图表设计有助于幼儿了解一日常规中各个环节的时间长度并不相同，格子宽一点的，这个环节所用的时间会比其他环节长一些。

高瞻课程一日常规的组成

以下是高瞻课程一日常规各个组成环节的概要。

问候时间（15—20 分钟）。问候时间是从家到幼儿园的一个自然过渡。教师问候幼儿，和家长简单交流，在一个舒适的角落和孩子们一起阅读图书。一般来说，一位教师主要负责和幼儿及其家长互致问候，另一位教师则坐在一个舒适的区域里做好准备，给刚来的孩子们读书。教师们可以相互轮流交换角色，这样每位教师都可以有机会问候孩子和家长，也有机会为孩子们讲故事。当然，你也可以邀请家长、幼儿和你一起承担上述两种角色。

问候时间中的最后 5 分钟是用来和幼儿一起阅读公告栏上的信息的。公告栏为教师和幼儿提供了一个交流当日重要信息的途径。教师提前把重要的信息用文字和图案的方式写到公告栏中，以便处于不同读写水平的幼儿都能运用他们已有的经验"读"懂。教师发布通知，并使幼儿知道当天的一些特别安排、新的游戏材料，或是有谁会来访等。公告栏同样可以用来启动小组中的问题解决。每天发布 2—3 条消息就足够了。

教师搭配使用单词和图案，将这一天中的重要信息写在公告栏中，让孩子们都能知道。

一日常规示例

半日课程

▷ 问候时间

▷ 计划—工作—清理—回顾时间

▷ 点心时间

▷ 大组活动时间

▷ 小组活动时间

▷ 户外活动时间

▷ 离园

双半日课程

上午班课程

▷ 问候时间

▷ 计划—工作—清理—回顾时间

▷ 小组活动时间

▷ 大组活动时间

▷ 户外活动时间

▷ 午餐

▷ 离园

下午班课程

▷ 午餐

▷ 问候时间

▷ 大组活动时间

▷ 计划—工作—清理—回顾时间

▷ 小组活动时间

▷ 点心时间

▷ 户外活动时间

▷ 离园

全日课程

幼儿统一时间到园、离园

▷ 早餐

▷ 问候时间

▷ 大组活动时间

▷ 计划—工作—清理—回顾时间

▷ 小组活动时间

▷ 户外活动时间

▷ 午餐

▷ 阅读与休息

▷ 加餐

▷ 户外活动时间

▷ 离园

幼儿分散到园、离园

▷ 自由活动

▷ 早餐

▷ 问候时间

▷ 计划—工作—清理—回顾时间

▷ 小组活动时间

▷ 大组活动时间

▷ 户外活动时间

▷ 午餐

▷ 阅读、午睡

▷ 点心时间

▷ 小组活动时间

▷ 和家长一起计划—工作—清理—回顾时间

小贴士： 用黑板或白板来当公告板比较合适。

计划—工作—回顾过程。 高瞻课程中最长的常规环节一般会持续一个多小时，用于进行计划—工作—回顾的过程。在计划时间，幼儿进入不同的小组，每组一名教师。每名幼儿都会决定自己在工作时间将要做些什么——在哪个区域游戏，用哪些材料，会有哪些人参加，并把这些计划与教师进行交流。工作时间即幼儿自己或和其他人一起实施他们的计划，而后进行整理的过程。在回顾时间里，幼儿和小组内的其他成员、老师聚在一起，分享、讨论在工作时间他们都做了些什么，学到了些什么。

高瞻课程中，计划—工作—回顾的过程与其他课程中常见的选择时间、活动区时间或自由游戏不同。在高瞻课程中的这一过程中，教师并不直接告诉幼儿计划或工作时间的活动内容，也不告诉幼儿应该用哪些材料、完成哪些活动，或在哪里玩，教师也不会关闭活动室里的某个区域。

小贴士： 计划时间、工作时间、清理时间、回顾时间总是以这样固定的顺序进行。

计划时间（10—15 分钟）。 计划时间是"计划—工作—回顾"过程的开端。当幼儿做计划时，他们从一个想法或意图开始。根据年龄和交流能力，他们可能会用动作来表示自己的计划（如拿起一块积木），摆出一个姿势（如指着积木区），或用言语表达（如，"我想搭一个特别高特别高的楼房——就像妈妈工作的那栋楼房"）。计划不同于简单的选择，因为计划使幼儿思考并获得他们想做些什么、如何去做，以及和谁一起做的具体想法。换句话说，比起选择，计划包含了更多的目的和意向性。当然还要知道，幼儿可以改变他们的计划，这点也很重要。实际上，当幼儿对同伴正在做的事情开始感兴趣，或是发现了先前忽略的有意思的材料时，他们常常会改变最初的计划。因此，在高瞻课程中，我们并不要求幼儿一定要从始至终按照最初的计划行事，也不会因为没有完成最初的计划而批评他们。相反，工作时间里，教师跟着幼儿的兴趣走，并帮助他们制订新的计划。

计划时间怎么做

- 把幼儿分成两组，每组一名教师。每组成员保持相对稳定。
- 请幼儿分享工作时间内他们各自想做的事（特别是想做的第一件事）。
- 鼓励幼儿做出适合自己发展情况的计划，并在幼儿做计划的过程给予鼓励和支持。
  □ 用有意思的活动或道具来调动幼儿的兴趣，并帮助他们分享各自的计划。
  □ 记住，当幼儿逐渐熟悉计划过

教师通过提供有趣的道具或活动来帮助幼儿做计划，并通过提问帮助幼儿拓展他们的计划。

程后，他们做计划的能力会从简单、具体逐渐发展到越来越复杂、抽象。

□ 帮助幼儿拓展他们的计划，不仅向他们提出"你想去哪里"这样的问题，还要问问他们"在那个区域，你想做点什么""你想用哪些材料"以及"你将如何开始实施你的计划"。

> **小贴士：** 在阅读和实践本书内容的过程中，注意儿童做计划的策略是如何从起初的简单、具体，发展到趋于复杂和抽象的。

■ 让幼儿知道，只要他们制订了一个计划，就可以开始工作了。

工作时间（45—60分钟）。 工作时间，即计划—工作—回顾过程中"做"的时间，就是幼儿实施计划的时间。在这段时间里，幼儿可以在活动室里的任何区域操作任何他们想操作的材料。换句话说，幼儿自己决定在哪玩、玩什么，以及和谁一起玩。在工作时间里，幼儿创造性地运用材料，反复操作并建构他们感兴趣的活动。没有任何教师预先规定的活动。幼儿可以将活动室内一个区域里的材料带到另一个区域。教师也不需要对在同一区域中工作的幼儿人数加以限制，如果同一时间内某个区域中的孩子太多了，教师也会把它作为一个需要解决的问题抛给幼儿。

在工作时间里，教师关注幼儿，用平静和尊重的语调与幼儿互动。教师观察并倾听幼儿的工作过程，以一种"你一言我一语"充分互动的方式进行交流。要避免向幼儿提出有预设答案或是非对错的问题。教师应作为同伴加入幼儿的游戏，根据幼儿的建议充当某些角色，并且按照幼儿设计的思路进行游戏。教师应鼓励幼儿探索并以他们自己的方式来使用材料，当幼儿选择重复进行某项活动时，教师也应给予支持。教师不仅鼓励幼儿的想法和付出，也让幼儿自己掌控评价，包括评价他们的工作和自己付出的努力。高瞻活动室里的教师始终让幼儿投入到问题解决中去。

> **小贴士：** 当你使用本书中的课程计划时，请关注工作时间里，教师与幼儿是怎样使用那些经常被用到的互动策略的。

工作时间里，幼儿实施自己的计划，创造性工作，并重复和建构他们感兴趣的活动。

工作时间怎么做

- 确保幼儿可以很方便地进入每个活动区，获得游戏材料，并保证游戏材料的丰富性。
- 了解幼儿在做什么：观察他们实施计划的情况、社会交往、游戏的具体方式，以及通过游戏学到了什么。
- 与其中一些幼儿互动，并和他们一起游戏。
- 使用课程计划中的一些互动策略。
- 记录对幼儿言行的观察。
- 用过渡提示的方式告知幼儿工作时间即将结束。

"发现—运用—归位"循环

在计划—工作—回顾过程中，幼儿找到他们想玩的材料，操作这些材料，然后在清理时间时把这些材料放回原处，他们经历了"发现—运用—归位"的循环。教师要合理地安排学习环境，贴好相应的标识，这样便于幼儿获得所需要的材料，有助于"发现—运用—归位"循环的形成，幼儿选择并维护游戏材料的过程也会帮助他们获得不断发展的分类经验。想要了解更多关于促进主动学习的活动室环境布置与标识设计的内容，请参看本书第16—18页的相关内容。

清理时间（约 10 分钟）。清理时间帮助幼儿进一步理解"发现—运用—归位"的原则。幼儿和教师一起将活动材料放回起初存放的地方，如果有合适的空间，为幼儿的个人作品单独开辟一个展示区。很重要的一点是，在清理时间，要始终保持一种轻松、愉悦的情绪状态。教师应依据幼儿参与的能力和水平给予学习支持。

当你阅读本书时，请关注能使清理时间变得有趣、让幼儿积极参与其中的相关策略。

回顾时间（10—15 分钟）。回顾时间接近"计划—工作—回顾"过程的尾声。在小组活动中，这一环节鼓励幼儿反思、谈一谈并展示工作时间里他们都做了些什么。小一点的孩子通常只是回顾他们最后做的事情，因为最后做的事情他们记得最清楚。大一些的孩子则可能依次回顾工作时间中所做的一系列事情，有时他们还可能反思和回顾最初的计划。回顾应该在工作—整理时间之后马上进行。教师可运用多种策略鼓励幼儿回顾并分享他们的经验，但要避免生硬地回顾，如："你去了哪里？""你做了些什么？"而是要帮助幼儿对他们的行动、感受、计划等进行反思。教师鼓励幼儿以符合其发展水平的方式进行回顾。

在回顾时间里，幼儿对工作时间的活动进行反思。计划时间里运用的那些策略往往也可以在回顾时间发挥作用。

回顾时间怎么做

- 计划时间里教师和哪个小组的幼儿在一起，回顾时间还回到同一个小组（每组都有固定的教师）。
- 当幼儿分享工作时间都做了些什么时，教师要认真倾听并给予帮助。你可以鼓励幼儿以符合其发展水平的方式进行回顾，以此支持他们的回顾过程（参见前面"计划时间怎么做"）。

小组活动时间（15—20分钟）。在小组活动时间里，同一组幼儿每天都和固定的一名教师在一起活动，并在活动室里的一个固定地点碰面。小组活动时间是由教师发起的，教师对小组活动做出计划，并为每名幼儿提供活动材料。但小组活动时间并非由教师主导——主动参与式的学习贯穿高瞻课程一日常规的各个环节！幼儿贡献他们的点子，以他们认为有趣的方式操作材料，并在他们各自的发展水平上参与活动。小组活动时间帮助幼儿建立自己的兴趣点，获得来自多个不同活动区的丰富经验，并可以探索新的活动材料，或是了解那些他们在工作时间从未用过的材料——所有这些都能得到教师亲密而友好的支持。

教师可以运用很多策略来支持和拓展幼儿的小组活动。当幼儿自己操作材料时，教师观察幼儿的活动，从上一个幼儿移动到下一个幼儿，对幼儿的言行进行评估，并模仿幼儿的动作，丰富幼儿的想法。

小组活动时间怎么做

- 每组一名教师，并始终和固定的一组幼儿在一起，和他们一起做计划并回顾活动。注意：基于小组活动的需要，你可能需要转换到其他活动地点，如地板上、水盘活动区等。

- 简短介绍后，给每名幼儿一套活动材料。小篮子、午餐纸袋、大酸奶盒、鞋盒，这些都是很棒的容器，可以用来装个人小组活动时间的材料。例如，每个篮子里可以放上艺术活动要用到的剪刀、胶棒、纸片。在小组中间的桌子上还可以准备一些其他可能会用到的材料，如更多的纸片、纱线和羽毛等。

- 当幼儿拿到活动材料时，认真观察幼儿对材料的反应，倾听他们的评论。

- 你也试着操作材料，并模仿幼儿的动作。

- 做好心理准备，幼儿可能以你完全没有想到的方式来操作材料。没关系，这样挺好！

- 在幼儿之间巡视，给有需要的幼儿提供个别帮助。

- 在小组活动结束前三分钟提醒幼儿活动即将结束。

- 鼓励幼儿和你一起整理材料。

- 提示幼儿可以在哪里找到所需的材料，工作时间他们可能还会用到这些材料。

尽管小组活动时间由教师计划，但一日常规中的这一环节仍为幼儿提供了以独特的方式探索活动材料的机会。在这个过程中，教师提供了友好的支持性环境。

> **小贴士：**你可能会发现，积木区很适合大组活动。或者你也可以把一些不相关的物品移到一边，以便留出足够的空间，孩子们也可以帮你做这些事。

大组活动时间（10—15 分钟）。 作为一日常规的组成部分，大组活动时间增加了活动室中的集体感。这段时间里，所有人共同参加一项活动，如一项音乐和运动结合的活动。与高瞻课程的其他构成部分一样，大组活动时间也围绕参与式学习的五个要素展开。要注意的是，大组活动时间需要一块足够大的空间，以便让全体幼儿精力充沛地活动。

和小组活动时间一样，大组活动时间也由教师计划并发起，但幼儿有很多选择。例如，幼儿可以决定配合音乐如何移动肢体，或他们可以提议为自己最喜欢的歌曲或节奏加入哪些动作。大组活动时间也是一天中幼儿可以轮流担任领导者的时间。

例如，如果大家一起唱《老麦克唐纳有座农场》（*Old MacDonald Had a Farm*）时，幼儿们就可以提议，接下来准备唱什么动物，以及那种动物发出什么样的声音。

大组活动时间怎么做

- 大组活动开始时，所有人在大组活动区域集合。没必要等所有的幼儿都准备好了再正式开始。当幼儿结束了此前的活动，他们会非常渴望加入集体活动。

- 向幼儿介绍活动内容，但同时与幼儿分享控制权，方法是在活动前提前做好计划，让幼儿有一些自主选择的机会，并在活动中整合他们的想法。

- 鼓励幼儿以自己的方式做出动作，并尝试彼此想出的歌唱、舞蹈方法。不要要求幼儿在大组活动时间听从指挥，例如，不要让幼儿模仿录音唱，或是以某种预定的方式舞动肢体。

- 所有的教师和幼儿都参加到大组活动中来。

- 活动即将结束时，给幼儿提示，如"我们来唱最后一种动物"。

- 预先设计好如何从大组活动时间过渡到一日常规的下一个环节。

户外活动时间（30—40分钟）。在户外活动时间里，幼儿可以尽情地运动、喊叫，做各种充满活力的游戏。高瞻课程教师并非站在一旁冷眼观看，而是加入幼儿的户外运动，既关注幼儿的安全，同时又深入幼儿的游戏，为他们的学习和发现提供支架。户外活动同时加强了师幼与邻里社区的联系，并调动了他们的各种感官充分欣赏大自然。

> **小贴士：** 在户外布置一些可拆卸的材料，这样方便每天拿进来、摆出去。时常还可增加一些活动材料，如球、木板、旧床单、轮胎、铲子、耙子、水管、粉笔。你也可以将艺术区、娃娃家、沙水区、音乐区的材料带到户外去。

在户外活动中，幼儿有着极为丰富的选择。户外活动意味着幼儿可以跑、跳、投掷、踢球、荡秋千、攀爬、挖掘、骑行，可以自己玩，也可以和别人一起玩。当幼儿从室内环境转移到有着更大空间，并且有树、石头、叶子，也有大型设施的户外环境时，他们的角色扮演游戏也会增添新的内容和玩法。

用餐时间（15—20分钟）。大多数半日课程中，会有一次师幼一同用餐的时间，而全日课程则包含午餐和点心。最好安排幼儿与跟他一起进行计划、回顾以及小组活动的同伴和老师一起进餐。

用餐时间的重点是社会性互动。教师坐下来与幼儿共进午餐很重要，因为这并不仅仅是一个自然的社交场景，而且是与幼儿轻松交谈的绝好机会，并可以通过交谈支持幼儿的想法。用餐时间也是幼儿锻炼独立性的好机会，如自己倒果汁、自己盛饭、自己擦洒出来的菜汤，等等。（注：在本书的某些课程计划"其他"项目中，你可以找到用餐时间对话发起者如何进行

大组活动时间为师幼提供了一个聚在一起获取共同经验的机会，如一起进行音乐活动，一起做游戏，或一起完成一个集体项目。

交谈的一些方法。）

过渡时间。 高瞻课程教师对活动之间的过渡方式也做出了计划，当幼儿从一项活动进入下一项活动时，应给予他们合理的选择。例如，如果有一小段等候的时间，幼儿可以自主决定如何转换到下一个活动，或是否参加歌唱活动。教师则始终会提前告知幼儿，过渡时间即将开始。

学习环境

设计室内学习环境

促进主动学习的环境要求经过深思熟虑的计划。在其他一些课程中，成人设计并分发儿童每天要用的特定材料，高瞻课程则不同。在高瞻课程中，是**幼儿决定他们**的工作时间需要些什么。用心设计活动室的陈设、所提供的活动材料种类，以及材料存放的位置等，这些都会帮助幼儿遵循其想法，并不断建构自己的学习经验。

布置游戏环境指南

- 将空间划分成几个不同的特色鲜明的兴趣区。
- 可以从一些基本的兴趣区开始，如娃娃家、艺术区、积木区和玩具区。
- 通过观察发现幼儿新的兴趣点后，适时增加相应的区域。
- 学习环境中的每个区域如何布局都应经过精心设计，应适合该区域活动的类型。

- 积木区应为幼儿提供足够的搭建空间。
- 幼儿在游戏中经常会同时用到积木区和娃娃家的材料，因此这两个区域最好相邻。比如，幼儿可能会将娃娃家假装当作食物的材料带到他们在积木区搭建的船上，或是用小块的积木当作汤锅里的食材，等等。
- 艺术区应该安排在离水源近的地方，或铺设瓷砖地面，以方便活动，便于清洗。

- 选择幼儿能够理解的词汇作为区域名称，例如，用"玩具区"而不是"操作区"来命名区域。
- 在区域之间设置一些看得见的分界，但不要过高，以便幼儿和教师都能够对所有区域正在进行的活动一目了然。相关注意事项如下。

精心设计的活动室区域有助于幼儿完成他们的工作计划，并构建各自的兴趣爱好。

- 定位明确的区域有助于幼儿做出有目的性的决定，因为它能让幼儿知道都有哪些材料，以及在哪里可以找到材料。
- 定位明确的区域也使幼儿和教师的整理工作变得更容易。

选择活动材料指南

- 选择那些能够反映幼儿兴趣的活动材料。
  - 观察幼儿，看他们正在使用哪些材料。
  - 选择相关材料支持幼儿的学习和游戏。
  - 在小组活动时间介绍新的活动材料，并观察幼儿如何使用这些材料。
- 选择那些具有发展适宜性的活动材料。
- 提供开放性的活动材料，使一种材料可以有多种不同的玩法。
  - 在选择材料时，不要把它们固定在一种特定的功能和用途上，而是要考虑它们的多种用途。
  - 选择那些对于不同年龄、不同能力水平的幼儿来说，有不同操作方式的材料。
- 选择那些可以支持以下不同类型游戏的材料。
  - 探索游戏（细绳、胶水、彩泥、水）。
  - 建构游戏（积木、插管、盒子、布片）。

□ 戏剧表演（道具服、旅行箱、罐子和锅、娃娃）。

□ 自创游戏（卡片、纸、筹码、骰子和其他可供幼儿创编小游戏的材料）。

■ 选择那些能够反映幼儿经验与文化背景的活动材料。

■ 除了上述材料，还可以添置一些真实的日常用品，如旧手机、钱包、工具等，这会使幼儿模仿生活中的重要他人。以上物品可以是木质的、纸质的、金属的、液态的等。

■ 确保活动材料安全、卫生，并要好好维护这些材料。

储存活动材料指南

■ 分类存放活动材料，以便幼儿取放。

□ 将活动材料放在低矮、开放的格子架上，这样无论何时幼儿取放材料都很方便。

■ 用透明容器盛放活动材料。

□ 用不带盖子的容器盛放活动材料，如盆、桶、盒子、篮子，或其他结实的容器。

■ 确保所有材料都始终存放在固定位置。

□ 将活动材料放在幼儿能够到的地方，这样幼儿就可以在没有教师帮助的情况下自己找到所需要的材料。

□ 把同类材料放在一起。例如，将蜡笔、铅笔、粉笔等放在同一个储物格里，胶水、胶带和订书机放在另一个格子里。

■ 在储物格和储物箱上贴好标签，这样幼儿就可以很轻松地找到或存放材料。每个储物箱以及放置储物箱的储物架上都应贴上有区分度的标签，以便于识别。

■ 表现方式要便于幼儿"阅读"，建议如下。

□ 把储物箱中的某一样物品固定在箱子上，作为标签。

□ 利用物品的临摹图，如积木、锅或其他烹饪用具的临摹图。

□ 用照片或图画作为标签（既贴在储物箱上，也贴在储物箱所在的储物格上）。对于那些不太好画出来的材料，可以用照片或展览目录来做标签。

在高瞻活动室里，用于存放幼儿个人物品的地方也会有个人标签，并且标签所

使用的图案或文字与幼儿名字的拼写有着某种联系。更多相关内容参见第24—25页"准备开始：第1周前要做的事情"。

课程内容与关键发展指标

高瞻学前教育课程包含八大领域的58条关键发展指标（KDIs）。关键发展指标是基于对幼儿主动行为的评估报告，反映了幼儿与材料、成人、观点、事件互动时会用到的概念与技能。教师的作用是在活动中为幼儿提供支持，并帮助幼儿拓展这些学习行为。

高瞻课程中的关键发展指标围绕以下八个领域展开：学习品质；社会性和情感发展；身体发展和健康；语言、读写和交流；数学；创造性艺术；科学和技术；社会学习。你可以在第26—28页找到包含上述八大领域及关键发展指标的详细列表。

在每天课程计划的开始部分，你会看到"课程内容——关键发展指标"这一内容，此部分会告诉你这一天中的所有活动是围绕哪些关键发展指标开展的。一日常规中，各个环节所涉及的关键发展指标列在了当日该环节标题的右侧。请用第26—28页完整的关键性发展指标列表来确认本班幼儿参与了哪些领域的活动。将这个列表和你所在国家的标准或学习目标做个比较。

评价

观察与逸事

在高瞻活动室里，教师每天都要写幼儿观察记录。这些记录被称为"逸事"，重点聚焦幼儿的言行。逸事记录可以让教师更加客观地看待幼儿与活动室里发生的一切，同时也有助于回答以下重要问题。

- 幼儿的兴趣是什么？
- 幼儿正在学习什么？
- 我们当前正在为幼儿哪个领域的学习提供支持？
- 有没有哪个领域的学习被忽视了，或没有得到必要的支持？
- 需要增加哪些活动材料或经验？

如何记录逸事

教师可以选择两三名幼儿，对他们一整天的言行进行逸事记录，也可以固定观察活动室里的某个区域，记录该区域里发生的所有逸事，或者持续观察一日常规中的某一固定环节，记录该时间段内发生的所有逸事。

- 先写下日期，所观察的是一日常规中的哪个环节，以及在哪里进行的观察，观察到哪些人。

  5月16日，工作时间，积木区，香农（幼儿名）。

- 记录幼儿做了些什么，说了些什么，并以对话的形式记录幼儿的语言。

  5月16日，工作时间，积木区，香农把积木一块接一块地摆起来，围成一个大圆圈。她说："我给马儿建了一座大大的游泳池。"她把几只玩具模型马放到"游泳池"的中间并来回移动，好像马在游泳。

■ 当进行逸事记录时，尽可能记录得真实、具体、简洁。

> **小贴士：**请将逸事记录的材料放在随手可取的地方。可以尝试用即时贴、小一点的便签簿、有兜的围裙、装有学前儿童观察记录（COR）的移动设备，或其他你认为最方便有效的方式进行记录。更多有关观察和逸事记录的内容可参看第115页。

评估幼儿的学习

高瞻课程已经开发并验证了一套评估工具，用以测量幼儿的发展与成长。**高瞻学前儿童观察记录（COR）升级版**能够评估幼儿的整体发展。目前印刷版和网络版均可购买。这一评估系统建立在教师对活动室日常活动的逸事记录之基础上。它帮助成人从全面的视角去看幼儿，同时重视且适应文化差异。高瞻学前儿童观察记录（COR）可以用来观察自然课程状态下的幼儿，定位并评估幼儿的发展。

团队合作

高瞻课程将教师视为和幼儿一起工作的团队成员之一。团队合作是一个主动学习的过程，它建立在相互尊重的支持性氛围基础之上。团队成员相互支持，并相互取长补短。他们也有着同样的期待，这种期待建立在共同的价值观和公认的目标之基础上。大家达成一致才会做出决定，团队中推行清晰明确的交流方式。团队成员

知道相互之间有怎样的期望。所有成员为了达成团队目标一起工作。每个人——教师、家长、幼儿，都从中受益。

团队计划

熟悉高瞻课程的教师会运用对幼儿的观察来开发日常课程计划，这些计划为幼儿的探索和学习提供了鹰架。教学团队成员每天都对逸事记录进行讨论，描述当天观察到了幼儿的哪些言行，从中有何收获，并共同开发第二天的课程计划。

本书就是为充实这种计划过程而设计的，教学团队成员可以从中了解更多有关高瞻课程的内容。尽管本书是在一日常规的基础上设计和使用的，但通过阅读此书，教师也可以找到一些适合个别幼儿需求和兴趣的教育策略与想法。因此，读者们可以大胆、灵活地使用本书中的一些思路，按照自己的顺序来安排活动，或者用自己班里孩子们喜欢的材料或玩具来代替书中提到的物品。

下一部分会涉及更多关于如何充分将高瞻课程方法运用到日常教育活动中的内容。

家庭参与

家庭参与是高瞻课程的一个关键方面。高瞻课程为家长提供了各种各样在家中参与并支持孩子发展的机会。高瞻课程教师则开发出了一系列与家长建立伙伴关系的策略。

- 鼓励家庭成员在条件许可的前提下，来到活动室和幼儿一起活动。
- 和家长、其他教学人员就课程及其与幼儿发展之间的关系交换信息。
- 与家长、其他教学人员进行非正式的交流，分享关于一日活动与幼儿经验的信息。
- 与其他教学人员和家长沟通如何在家促进、拓展幼儿的学习及社会性发展。

鼓励家庭成员参与活动室里的活动有助于他们在家里为幼儿的发展提供支持。

如何使用本书

本书接下来的六章中每章代表一周，每周包含五天的课程计划。本部分会介绍这些章节的基本内容，以及如何最大限度地挖掘课程计划。（提示：第7章包含第3周和第5周用到的活动案例"早期阅读活动示例"，附录A里有可复印的观察与计划表。）

一周概览

每周的课程都以"概览"作为开始，其中包含了本周目标、需要提前做好哪些准备、本周会用到的一些具体策略与想法，以及很有用的提示日历。概览能够帮助你提前了解接下来一周内要进行的活动，做到心中有数。

课程计划

紧接着是五天课程计划。请记住，本书中的系列计划是彼此联系、层层递进的。开始较简单，从第1周向你的孩子们介绍高瞻课程的一日常规入手，随着课程的推进，计划也变得更加复杂，与此同时，课程计划也反映了幼儿的发展和你自己对高瞻课程理解的不断深入。

每天的课程计划均包含下列内容。

课程内容（KDIs）

在课程计划表的顶端，你会看到一系列当日重点学习领域（关键发展指标）。

在一日常规模块旁边，你会看到一些

关键发展指标，你可能会从儿童参与活动的过程中观察到这些指标。有一点需注意：所列出的关键发展指标涉及的行为可能看得见，也可能看不见，这取决于幼儿的实际行为。作为教师，要随时随地对其他有可能出现的关键发展指标保持敏感。

问候时间和公告板

课程计划为问候时间的活动提供了一些提示，如怎样将当天的活动用书写和绘画的形式记录在公告板上。

计划时间

课程计划为两个小组分别提供了计划参考。要认真阅读你所在小组的课程计划（例如，如果你是负责第二组的教师，就要持续阅读第二组的活动及策略）。注意：每组都会用到每项计划策略，只不过不一定在同一天。

工作时间

该部分包含了促进主动学习的师幼互动策略及其实例。记住：在和幼儿一起工作的任何时间内，你都可以运用这些方法。

清理时间

该部分提供的策略在促进主动学习和重要的学习经验发展的同时，可以使清理时间变得有趣而吸引人。

回顾时间

与计划时间一样，本书的课程计划也为两个小组提供了关于如何开展回顾的建议。认真阅读你所在小组的计划。注意：每个小组都会用到所有的回顾策略，但

是在不同的时间运用这些策略。

小组活动时间

每份课程计划都为两个小组制订了小组活动方案，包括活动中每个幼儿需要用哪些材料，活动开始、过程中和结尾时幼儿都做些什么，以及教师该如何为幼儿提供支持。

还要说明的是，有六个小组活动选自"成长中的阅读者——早期读写课程"（Growing Readers Early Literacy Curriculum）中的示例活动（第 3 周和第 5 周会用到）。"成长中的阅读者"是一套详尽的活动计划，包含 90 个教师主导的小组活动。活动围绕早期读写学习的如下四个关键领域来设计。

- 理解
- 语音意识
- 字母规则
- 文字概念

你将在第 7 章看到对这些活动和活动

材料的完整描述。

大组活动时间

每份课程计划都提供了一项独一无二的大组活动。在活动实施步骤之后，会列出你所需的材料。

其他

这部分会为你提供一些想法和策略，帮你在一日常规中构建主动学习。

- **户外活动时间**——带到户外的材料和可以尝试的互动策略。
- **餐间谈话**——在加餐和正餐时间发起谈话的方法。
- **家园联系**——与幼儿家长进行交流的方式。如果幼儿坐校车来园，你可以用书面通知的方式与家长沟通，或用家长公告板的形式来分享；如果家长开车接送孩子，则可以当面交谈。

观察与后续工作

在每份课程计划的最后，都会有关于观察记录的提示，同时会给出一些当天后续活动的提示，以及有助于你自己思考获得好点子的提示。在附录中，我们提供了供你记录观察内容和后续想法的表格，你可以复印表格来使用。

和团队成员一起工作。和你的教学团队一起，讨论并记录你所看到的幼儿言行（逸事）。你会发现，思考下列问题很有帮助。

- 关于幼儿的理解能力，你学到了哪些？
- 关于幼儿的兴趣，你学到了哪些？
- 关于幼儿的发展水平，你学到了哪些？
- 关于未来如何支持幼儿的兴趣与学习，你有哪些想法？
- 关于运用高瞻课程，你学到了哪些？

进行上述思考，会帮助你开发出第二天的计划和后续想法，这有助于孩子们形成独特的兴趣，并满足其发展需求。

最后，**一定要和团队其他成员一起阅读第二天的课程计划**，讨论将如何引导第二天的活动及过渡环节。利用你对幼儿的观察，讨论是否将以某种方式完善计划，而后收集、准备第二天所需要的活动材料。

> **小贴士：**前一天晚上准备好活动材料，会减少第二天幼儿来园后的压力和时间上的紧张。当你提前做好了准备，幼儿来到时，你就能够从容地向他们问好并为幼儿提供支持。

周小结

在每章末尾，你都会看到"建立在所学基础上的总结"项目。这个简洁且便于操作的小结将过去一周的内容提纲挈领地呈现出来。它包括一篇你所指导的活动小结，你为幼儿提供支持的经验和提供给幼儿的课程领域，以及你所实践的师幼互动策略。

既然你已经了解如何最大限度地利用

课程计划中所呈现的材料，那么你已经准备好在活动室里启动主动学习了。还有一些重要的准备工作要进行，请参考以下内容。

准备开始：第 1 周前要做的事情

在开始使用本课程计划之前，你需要做几件事来搭建主动学习的平台。下列内容会帮助你组织学习环境、建立一日常规和制作幼儿的名字卡片。

活动室布置

■ 将活动室划分成 4—7 个主要兴趣区，如积木区、艺术区、娃娃家、玩具区、图书区，这些通常都是幼儿比较喜欢的兴趣区。

在布置合理的活动室中，幼儿有大量机会按自己的兴趣，并在适合其发展的水平上操作材料。

■ 为每个活动区都贴上标识。标识包括简单的图示和活动区名称，这样更便于幼儿理解。当然你也可以购

买高瞻课程区域标识，更多相关信息可登录高瞻官网（www.highscope.org）获取。

一日常规

■ 将幼儿分成固定的两个小组，每组有一位教师。小组成员将一起度过计划时间、回顾时间、小组活动时间，以及点心或午餐时间（如果在活动室用餐而不是在餐厅的话）。

■ 像第 8 页示例那样，**绘制一张简单的一日常规表**，或用入学后头几天所拍的照片作为素材，制作常规表。

■ **为活动室里的活动区制作一套标识卡。**卡片上有文字和图画。幼儿将使用这套卡片来安排他们的计划和回顾时间，如下图所示。

艺术区

■ **为活动室里的每个区域拍照**，用于计划时间和回顾时间。

■ **制作一本一日常规手册**，保证幼儿人手一本，来园第一天时发给幼儿，并请他们带回家。一日常规手册的内容可以非常简洁，像一日常规图表那样，做成活页的形式。

字母关联

字母关联是高瞻课程中的一个重要组成部分。它是一个人名学习系统，即将幼儿的名字与一个由同样字母开头且有相似读音的物体图片相对应，例如，Flora 和 ❋、Sam 和 ✂、Aaron 和 ✈。在活动室里，可通过多种途径运用名字拼写及与之对应的图标，请幼儿每天写自己的名字"签到"，对幼儿来说，这是一种有意义的发展语音意识和了解字母规则的方式。

为幼儿准备一些和其名字发音相同、有拼写联系的物品的卡片，供他们选择。在第一天问候时间里，幼儿会选择一个属于他自己的图标。随后，你可以依照每个幼儿的名字和与名字拼写有关联的图标来制作卡片（参见第 1 周概览"投放到活动室中的材料"）。本书课程计划中多处用到字母关联。

[本部分素材改编自玛丽·霍曼著的《成长中的阅读者——早期读写课程教师指南》（*Growing Readers Eearly Literacy Curriculum Teacher Guide*）一书第 10 页。]

高瞻学前课程内容
关键发展指标（KDIs）

A 学习品质

1. 主动性：幼儿在探索世界时表现出主动性。

2. 计划性：幼儿根据自己的意图制订计划并付诸实践。

3. 专注性：幼儿专注于感兴趣的活动。

4. 问题解决：幼儿解决在游戏中遇到的问题。

5. 资源利用：幼儿收集信息并形成对周围世界的看法。

6. 回顾：幼儿对自己的经验进行反思。

B 社会性和情感发展

7. 自我认同：幼儿具有积极的自我认知。

8. 效能感：幼儿感觉自己是有能力的。

9. 情感：幼儿识别、标记并调节自己的情感。

10. 同理心：幼儿对他人表现出同理心。

11. 集体：幼儿参与班集体活动。

12. 建立关系：幼儿与其他幼儿和成人建立关系。

13. 合作游戏：幼儿参加合作游戏。

14. 道德发展：幼儿发展出内在的是非感。

15. 冲突解决：幼儿解决社会性冲突。

C 身体发展和健康

16. 大肌肉运动技能：幼儿在使用大肌肉群时表现出力量、灵活性、平衡感和对时机的把握。

17. 小肌肉运动技能：幼儿在使用小肌肉群时表现出灵活性和手眼协调能力。

18. 身体意识：幼儿了解自己身体的各个部位，并知道如何在空间中驾驭。

19. 自我照顾：幼儿自行完成自我照顾的常规活动。

20. 健康行为：幼儿进行有益健康的实践活动。

D 语言、读写和交流

21. 理解：幼儿理解语言。

22. 表达：幼儿使用语言进行表达。

23. 词汇：幼儿理解并使用不同的单词和短语。

24. 语音意识：幼儿能识别口语的不同发音。

25. 字母知识：幼儿辨别字母名称及发音。

26. 阅读：幼儿为了获取乐趣和信息而阅读。

27. 印刷品概念：幼儿具有关于周围环境中印刷品的知识。

28. 图书知识：幼儿具有关于图书的知识。

29. 书写：幼儿为了不同目的而书写。

30. 英语语言学习／双语习得：（在适用的情况下）幼儿使用英语和母语（包括手语）。

E 数学

31. 数词和符号：幼儿识别并使用数词和符号。

32. 点数：幼儿点数物品。

33. 部分—整体关系：幼儿组合、分解物体的数量。

34. 形状：幼儿识别、命名并描述形状。

35. 空间意识：幼儿识别人与物之间的空间关系。

36. 测量：幼儿通过测量对事物进行描述、比较和排序。

37. 单位：幼儿理解并使用单位概念。

38. 模式：幼儿识别、描述、复制、补全及创造模式。

39. 数据分析：幼儿使用数量信息得出结论、做出决策和解决问题。

F 创造性艺术

40. 视觉艺术：幼儿通过二维和三维艺术表达与表征自己的观察、思考、想象和感受。

41. 音乐：幼儿通过音乐表达与表征自己的观察、思考、想象和感受。

42. 律动：幼儿通过律动表达与表征自己的观察、思考、想象和感受。

43. 假装游戏：幼儿通过假装游戏表达与表征自己的观察、思考、想象和感受。

44. 艺术欣赏：幼儿欣赏创造性艺术作品。

G 科学和技术

45. 观察：幼儿观察环境中的材料及变化过程。

46. 分类：幼儿将材料、动作、人物和事件进行分类。

47. 实验：幼儿通过实验检验自己的想法。

48. 预测：幼儿对将要发生的事进行预测。

49. 得出结论：幼儿基于经验和观察得出结论。

50. 交流想法：幼儿交流关于事物特性及运转方式的看法。

51. 自然和物质世界：幼儿积累关于自然和物质世界的知识。

52. 工具和技术：幼儿探索并使用工

具和技术。

H 社会学习

53. 多样性：幼儿理解人们有不同的特征、兴趣和能力。

54. 社会角色：幼儿了解人们在社会中具有不同的角色和作用。

55. 决策：幼儿参与做出班级决策。

56. 地理：幼儿识别并解释周围环境的特征和地理位置。

57. 历史：幼儿理解过去、现在和未来。

58. 生态：幼儿理解保护环境的重要性。

第 1 章
第 1 周

准备工作：第1周概览

第1周目标

- 了解你的孩子们（如果你刚刚接手一个新的班级）。
- 帮助幼儿熟悉高瞻课程的一日常规。
- 帮助幼儿熟悉活动室的环境，包括活动区、活动材料及相关陈设。
- 帮助幼儿熟悉他们的名字以及与名字拼写有关联的个性化图标。

本周要牢记的事项

- 提前阅读活动计划，以便在活动开始前准备好所需要的各种材料。

一日常规

- 当结束上一项常规活动，准备进入下一项时，请在一日常规图表中将标记物（如一个晾衣夹或长尾夹）移动到相应的下一项活动上。
- 帮助幼儿熟悉一日常规，每开始一个环节都向幼儿说明这项常规活动的名称及相关提示，如"计划时间到了"或"现在是小组活动时间了"。
- 帮助幼儿进一步熟悉活动室的环境及活动材料，本周内的所有小组活动时间都将分别用于探索某一个活动区域。引导幼儿形成习惯：首先要在固定的位置与小组成员碰面，然后再进入当天想要探索的区域进行活动。

- 周五，将以下图标（见图1-1）粘贴在公告栏中：在一个红色圆圈中，两幅学校示意图被一条斜线对称地分开，其基本形式与日常生活中通用的"禁止"标志相仿。在图标旁写上"2天不上学"，帮助幼儿理解图标的意义。提醒幼儿，他们将在家待两天，然后再回到幼儿园来。

图1-1 "不上学日"图标

> **小贴士：** 本周的小组活动时间主要引导幼儿探索各活动区，并了解区域内都有哪些活动材料。每增加或改善一个新的兴趣区，都要运用这种小组探索区域活动材料的策略。例如，当我们在活动室里增加一个木工区时，每位教师都应带领他的小组来到这里，以小组活动的方式对这个新的区域进行探索。

签名表

请按照如下步骤制作简易签名表（在第 3 天的课程中会详细介绍用法）。

1. 依次写下所有幼儿的名字以及与名字拼写有关联的某样物品的图标，并在图标后面预先画好一条长长的下划线。

   休（Sue）☼ ＿＿＿＿＿＿＿＿＿

   海伦（Helen）♥ ＿＿＿＿＿＿＿

2. 为每个小组制作一张签名表，并挂在一块剪贴板上。

3. 在每天的阅读时间，幼儿可以用自己喜欢的方式在签名表中签名。有的幼儿可能一开始只是潦草地胡乱写上几笔，有的则可能会完整地书写一些字母。教师不要忘记在每页签名表上标注日期，使签名表在整个项目活动过程中能够持续显示幼儿的进步。

投放到活动室中的材料

■ 幼儿选择完他们的个性图标（参见"第 1 天"中的"问候时间"）后，制作包含幼儿名字与个性化图标的卡片。准备两套卡片，一套让幼儿带回家，另一套在活动室中使用。制作这样的卡片很简单，用索引卡即可，将幼儿的名字打印在索引卡上，然后在名字后面画上相应的个性化图标（参见图 1-2）。

图 1-2

■ 创建一本活动室歌曲集。这是一本包含了在活动室内幼儿可以吟唱的歌曲选集。每一页都包括了歌曲的名称以及诠释歌名含义的简单图示。这本歌曲集用于大组活动时间，以便幼儿从中选择要唱的歌曲。它是幼儿所喜欢的歌曲的一个可视化提示。以下是制作活动室歌曲集的一些建议。

□ 用活页夹整合书页，或制作成歌曲卡，这样幼儿翻阅起来比较方便。

□ 每页都进行塑封压膜，以便更好地保存。

□ 绘制尽可能简洁的图示。例如，一个小星星即可以代表《小星星》（*Twinkle Twinkle Little Star*）这首歌，一个谷仓的图示就可以代表歌曲《老麦克唐纳有个农场》。

□ 在歌曲集的封面加上标题"歌曲集"，并粘贴一张集体活动时的照片，或绘制一幅集体活动的示意图。

□ 当你向幼儿介绍新歌时，别忘记在歌曲集中增加这首歌的新卡片。

□ 把歌曲集放到图书区或和幼儿约

定好的集体活动碰面地点，并确保幼儿在工作时间内可以随时拿到歌曲集。

注：上述事项将在第5天的大组活动时间有所涉及。

其他

- 复印一日常规，并制作成每个幼儿人手一册的小手册（参见引言中"准备开始：第1周前要做的事情"）。
- 在手册上预留一页照片页，供幼儿周五带回家（详细说明参见本章"第5天"中"家园联系"的相关内容）。
- 当幼儿选择好代表他本人的个性化图标后，将他的名字和图标一起贴在他的小柜橱和（或）衣钩上方。
- 当幼儿选择好代表他本人的个性化图标后（参见"第1天"中的"问候时间"），为每个小组准备一张代表本组的姓名图表，并悬挂在这个小组的桌子旁（可以利用幼儿和你名字中字母的某种联系来设计小组名称及图标）。

幼儿离园后要做的工作

- 记录你对幼儿的观察结果，并简要记录下你希望继续追踪的线索和需要持续关注的方面。
- 阅读第二天的课程计划，以便在幼儿来园前做好相关准备工作。

本周提示				
星期一（第1天）	星期二（第2天）	星期三（第3天）	星期四（第4天）	星期五（第5天）
幼儿带回家的一日常规手册	幼儿带回家的个性化图标	签名表 教师名字卡片及个性化图标	家长通知单：请家长捐助废旧容器、箱子、盖子等，作为下周的活动材料	歌曲卡：《巴士车轮转呀转》（*The Wheels on the Bus*）家长通知单：将家庭照片页带回家

第 1 天

问候时间 　　　　　　　　　　　　KDIs 12、24、25、26

教师 1

事先将准备好的图标放在桌子上，当幼儿走进活动室时，请每位幼儿从几个备选图标中选择一个属于自己的个性化图标，这个图标一定在拼写上和所有幼儿有某种联系。幼儿选完之后加入教师 2。

教师 2

挑选十本左右的图书，摊开，摆放在地板上。还没有选择图标或已经选完的幼儿，可以和教师一起读书（提示：这段时间应掌握在 15 分钟之内）。

公告板

将用晾衣夹或长尾夹夹好的一日常规贴在公告板上，以此向幼儿展示一日常规。将夹子放置在图表中"问候时间"的位置上，并向幼儿解释一日常规的目的和作用。

绘制一张画有两张桌子的图片，并向幼儿做如下解释："在我们的活动室里有两个小组。一组将和×××老师（教师 1 的名字）在 × 桌前碰面，另一组则与××× （教师 2 的名字）老师在 × 桌前碰面。"教师 1 起立，说出本组幼儿的名字，并和这组幼儿一起走向本组桌前。教师 2 也起立，说出本组幼儿的名字，并和幼儿一起走到他们那组的桌前。

计划时间 　　　　　　　　第一组—KDI 2/ 第二组—KDI 2

将一日常规表上的夹子或标记移至下一项内容上，并告诉幼儿做计划的时间到了。

第一组：火车

请小组成员手拉手，扮成一列火车的样子。火车行经活动室里的每个区域时，可以告诉他们这个区域的名字以及区域中有哪些材料。如果有幼儿打算在某个区域工作，他（她）就可以在这个区域"下车"，其他火车继续驶向下一个区域。

第二组：蛇

请小组成员拉着一根长长的跳绳或纱巾，扮作一条蛇。当这条长蛇从一个区域爬行到另一个区域，你就可

以向幼儿介绍区域的名称及其中的活动材料。如果有幼儿打算在某个区域工作，他（她）就可以留在那个区域并操作其中的活动材料。其他长蛇则爬行到下一个区域。

工作时间 　　　　　　　　KDIs 9、12、13、40、43

将一日常规表上的夹子或标记移至下一项内容，并告诉幼儿工作时间到了。

两位教师

关注需要鼓励和交流的幼儿，给有需要的幼儿以温柔的肯定（握握幼儿的小手，让他坐在你的腿上，或者默默地站在他的身旁）。给予幼儿简单

的认可，如一个微笑，点点头，或是简短的评论（如"我看见你拿到了娃娃"）。对幼儿的感受给予回应，用不带有价值判断的简单陈述进行回应，如"你很伤心""你找不到爸爸了"，又如"你很兴奋""你发现很多好玩的玩具"。

清理时间 　　　　　　　　　　　　　　KDI 11

在活动结束前的十分钟和五分钟，分别对幼儿进行口头提示。将夹子或标记移动到一日常规表的下一项，并用摇铃或弹奏器乐的方式提示幼儿，清理时间开始了。和幼儿一起清理活

动材料与区域环境，帮助他们完成这个过渡环节。例如，你可以说："我来帮你把这些玩具拿走，它们就放在这里，如果明天你还想玩这些玩具，就到这里来拿。"

回顾时间 　　　　　　第一组—KDI 6/第二组—KDI 6

将一日常规表上的夹子或标记移至下一项内容上，并告诉幼儿回顾时间到了。

第一组：火车

请小组成员手拉手，扮成一列火车的样子。火车行经活动室里的每个区域时，可以告诉他们这个区域的名

字以及区域中有哪些材料。如果有幼儿打算在某个区域工作，他（她）就可以在这个区域"下车"，其他火车继续驶向下一个区域。

第二组：蛇

请小组成员拉着一根长长的跳绳或纱巾，扮作一条蛇。当这条长蛇从

一个区域爬行到另一个区域，你就可以向幼儿介绍区域的名称及其中的活动材料。如果有幼儿打算在某个区域工作，他（她）就可以留在那个区域并操作其中的活动材料。其他长蛇则爬行到下一个区域。

小组活动时间　　　　　　第一组—KDI 40/ 第二组—KDI 40

将一日常规表上的夹子或标记移至下一项内容上，并告诉幼儿小组活动时间到了。

第一组：探索艺术区

在事先约定的地点集合，在桌子上摆放几支蜡笔、几把剪刀和几张纸。问问幼儿，他们可以在活动室的哪些地方找到这些材料（幼儿可能会指着艺术区说"在那儿"）。确认所有这些材料的确都来自于艺术区，并对孩子们说类似"今天我们就要像小兔子一样蹦蹦跳跳地去艺术区，在那里度过我们的小组活动时间"这样的话。来到艺术区后的第一件事是告诉幼儿，他们可以随意使用这个区域里的所有材料。在这段时间里，**观察幼儿如何操作材料，并模仿他们的活动。**十分钟后，告诉幼儿，小组活动时间还剩三分钟。三分钟后，帮助幼儿整理活动材料，并提醒他们规划一下如何在工作时间里继续操作这些材料。

第二组：探索玩具区

在事先约定的地点集合，在桌子上摆几件乐高玩具、动物玩偶和钉子等。问问幼儿，他们可以在活动室的哪些地方找到这些材料（幼儿可能会指着玩具区说"在那儿"）。确认所有这些材料的确都来自于玩具区，并对孩子们说类似"今天我们就要像小鸟一样飞到玩具区，在那里度过我们的小组活动时间"这样的话。来到玩具区后的第一件事就是告诉幼儿，他们可以随意使用这个区域里的所有材料。在这段时间里，**观察幼儿如何与材料互动，并模仿他们的活动。**十分钟后，告诉幼儿小组活动时间还剩三分钟。三分钟后，帮助幼儿清理活动材料，并提醒他们规划一下如何在工作时间里继续操作这些材料。

大组活动时间　　　　　　　　　　　　　KDIs 16、42

将一日常规表上的夹子或标记移至下一项内容上，并告诉幼儿大组活动时间到了。

边唱边跳

第一步

当有幼儿来参加大组活动时，马上开始歌唱，按照《摇摆钟表》（Rock

Around the Clock）的曲调来唱，歌词如下。

"我们要摇呀、摇呀、摇呀、摇呀、摇呀、摇呀、摇呀、摇呀、摇呀，直到我们**停止**"（唱到"停止"时，所有人都一动不动）。

"我们要摇呀、摇呀、摇呀、摇呀，直到我们**停止**"（唱到"停止"时，所有人都一动不动）。

"我们要摇呀、摇呀、摇呀，直到

我们**停止**"（唱到"停止"时，所有人都一动不动）。

第二步

继续歌唱，按照幼儿的想法，大家一起做同样的动作。

第三步

请幼儿最终确定一种摇摆方式，并一边唱一边按确定的方式做动作，直到进入一日常规的下一个环节。

其他   户外活动时间—KDIs 12、16/ 餐间谈话—KDIs 7、22

户外活动时间

和幼儿一起探索户外空间。在确保安全的同时，教师要和幼儿一起游戏，并告诉他们所进行的活动内容。

餐间谈话

当你和幼儿一起进餐时，与他们聊聊家人。你可以使用下面几种方式开始活动：出示一张家庭照片，对自己的家庭进行简单的描述，或是向幼儿提一个有关家庭的开放式问题，如"我很想知道你和谁生活在一起"，并加入你自己的相关经历。例如，当询

问一个女孩的家庭时，如果她提到了她的哥哥杰里迈亚（Jeremiah），你就可以说"我也有一个哥哥"，这将有助于你进一步了解幼儿。

家园联系

给每名幼儿复印一份一日常规手册，让他们带回家（参见引言中"准备开始：第1周前要做的事情"）。鼓励幼儿与家人分享手册。并向幼儿家长发送一张通知单，在通知里对教师本人进行简要介绍。

观察

记录你所观察到的幼儿的言行。你可以复制附录中的表格来做记录。

后续工作

- 准备个性化图标的副本，以保证第二天每个幼儿都可以将图标带回家。

- 复制附录中的表格，记录下继续关注、追踪的线索与想法。

你知道……吗？

仅仅和幼儿一起阅读是不够的——我们的阅读方式可以帮助幼儿更好地理解故事，这是关于文字理解的一个重要部分。

选择并研究故事书。幼儿需要接触和阅读各类书籍，但其故事理解能力的发展取决于你是否遵循如下做法。

- 以情节发展的方式呈现故事。也就是说，故事有开头、发展和结尾，在此过程中，故事人物面临并解决一个特定的问题。
- 选择那些人物、情节或思想和幼儿的亲身经验相关的故事。

边阅读故事边交流。幼儿关于故事的交谈，曾经被认为会使故事阅读变得杂乱无序，而实际上这是故事活动中必不可少且求之不得的一种形式。以下是一些可以促进阅读分享的策略。

- 一对一阅读或以小组的方式阅读，以增加成人与幼儿之间对话的机会。
- 当你为幼儿阅读故事时，和孩子们一起看故事书中的图画，

并经常运用评论或开放式的问题来启发幼儿说出对故事的理解与看法。

- 用尽可能轻松的方式来讲故事。给幼儿思考的时间，并帮助他们把想法梳理成完整的话语。讲故事时，越少仓促感，幼儿就越容易体现个人的特点、贡献和价值。

围绕故事，创造展开思考的机会。在讲故事的过程中，你和幼儿交谈的内容决定了他们将以怎样的方式围绕故事展开思考。为了帮助幼儿对故事内容形成连贯而完整的思路，并了解故事的结构，教师需要多次与幼儿共同阅读同一本故事书。这并不成问题，因为孩子们总是喜欢反反复复地阅读他们喜欢的故事。你所要做的就是依据幼儿对故事理解程度的不同，每次与其交谈时，话题的焦点略有不同。以下这些策略将能够使阅读富于变化，并有助于促进能够推动启发性思维的交谈。

- 鼓励幼儿一边翻看插图一边对故事中的人、事物和动作等进行评论，如你可以这样对幼儿说:"我很好奇你在这页上看到了什么?"或"这幅画里的狐狸正在做什么?"

- 当幼儿正在看着图画（也许正是故事中的关键部分）时，你可以跟他说点什么，比如:"我很想知道这里正在发生什么。"或"现在发生了什么事情?"

——改编自玛丽·霍曼《互动阅读：如何通过讲故事建构理解》(*Interactive Reading：How "Story Talk" Builds Comprehension*)，节选自《让我们聊聊读写》(*Let's Talk Literacy*) 第36—38页。

第 2 天

课程内容——关键发展指标（KDIs）*		
2. 计划性	12. 建立关系	25. 字母知识
6. 反思	13. 合作游戏	26. 阅读
7. 自我认同	16. 大肌肉运动技能	40. 视觉艺术
9. 情感	22. 表达	41. 音乐
11. 集体	24. 语音意识	43. 假装游戏

* 在幼儿的个体活动中观察上述关键发展指标。

问候时间 　　　　　　　　　　　KDIs 12、24、25、26

教师2

当幼儿走进活动室时，请他们找到各自小橱柜上自己的名字和图标，这样他们就知道该把东西放在哪儿了。所有幼儿都放好自己的物品后，来到教师2的身边。

教师1

挑选十本左右的图书，摊开，摆放在地板上。师幼一起阅读图书(提示：这段时间应掌握在15分钟之内）。

公告板

将用晾衣夹或长尾夹夹好的一日常规图贴在公告板中，以此向幼儿展示一日常规。将夹子放置在图表中"问候时间"的位置上。

在公告板上画两张桌子，并提醒幼儿走到他所在小组的桌子前。

教师1

依次出示每名幼儿的名字与图标卡片，并问幼儿，这是谁的名字（图标）走到了你们小组的桌前。直到这一组所有幼儿都来到了桌前。

教师2

组织本组幼儿做与上一组相同的事情。

计划时间 　　　　　　　第一组—KDI 2/ 第二组—KDI 2

将一日常规表上的夹子或标记移至下一项内容上，并告诉幼儿做计划的时间到了。

第一组：蛇

请小组成员拉着一根长长的跳绳或纱巾，扮作一条蛇。当这条长蛇从一个区域爬行到另一个区域，你就可以向幼儿介绍区域的名称及其中的活动材料。如果有幼儿打算在某个区域工作，他（她）就可以留在那个区域并操作其中的活动材料。其他长蛇则爬行到下一个区域。

第二组：火车

请小组成员手拉手，扮成一列火车的样子。火车行经活动室里的每个区域时，可以告诉他们这个区域的名字以及区域中有哪些材料。如果有幼儿打算在某个区域工作，他（她）就可以在这个区域"下车"，其他火车继续驶向下一个区域。

工作时间   KDIs 9、12、13、40、43

将一日常规表上的夹子或标记移至下一项内容，并告诉幼儿工作时间到了。

两位教师

关注需要鼓励和交流的幼儿，给有需要的幼儿以温柔的肯定（握握幼儿的小手，让他坐在你的腿上，或者默默地站在他的身旁）。给予幼儿简单的认可，如一个微笑，点点头，或是简短的评论（如"我看见你拿到了娃娃"）。**对幼儿的感受给予回应，用不带有价值判断的简单陈述进行回应，**如"你很伤心""你找不到爸爸了"，又如"你很兴奋""你发现很多好玩的玩具"。

清理时间   KDI 11

在活动结束前的十分钟和五分钟，分别对幼儿进行口头提示。将夹子或标记移至一日常规表的下一项，并用摇铃或弹奏器乐的方式提示幼儿，清理时间到了。和幼儿一起清理活动材料与区域环境，帮助他们完成这个过渡环节。例如，你可以说："我来帮你把这些玩具拿走，它们就放在这里，如果你明天还想玩这些玩具，就到这里来拿。"

回顾时间   第一组—KDI 6/第二组—KDI 6

将一日常规表上的夹子或标记移至下一项内容上，并告诉幼儿回顾时间到了。

第一组：蛇

请小组成员拉着一根长长的跳绳或纱巾，扮作一条蛇。当这条长蛇从一个区域爬行到另一个区域，你就可以向幼儿介绍区域的名称及其中的活动材料。如果有幼儿打算在某个区域工作，他（她）就可以留在那个区域并操作其中的活动材料。其他长蛇则爬行到下一个区域。

第二组：火车

请小组成员手拉手，扮成一列火

车的样子。火车行经活动室里的每个区域时，可以告诉他们这个区域的名字以及区域中有哪些材料。如果有幼儿打算在某个区域工作，他（她）就可以在这个区域"下车"，其他火车继续驶向下一个区域。

小组活动时间

第一组—KDI 40/ 第二组—KDI 40

将一日常规表上的夹子或标记移至下一项内容上，并告诉幼儿小组活动时间到了。

第一组：探索玩具区

在事先约定的地点集合，在桌子上摆几件乐高玩具、动物玩偶和钉子等。问问幼儿，他们可以在活动室的哪些地方找到这些材料（幼儿可能会指着玩具区说"在那儿"）。确认所有这些材料的确都来自于玩具区，并对孩子们说类似"今天我们就要像小鸟一样飞到玩具区，在那里度过我们的小组活动时间"这样的话。来到玩具区后的第一件事就是告诉幼儿，他们可以随意使用这个区域里的所有材料。在这段时间里，**观察幼儿如何与材料互动，并模仿他们的活动**。十分钟后，告诉幼儿小组活动时间还剩三分钟。三分钟后，帮助幼儿整理活动材料，并提醒他们规划一下如何在工作时间

里继续操作这些材料。

第二组：探索艺术区

在事先约定的地点集合，在桌子上摆放几支蜡笔、几把剪刀和几张纸。问问幼儿，他们可以在活动室的哪些地方找到这些材料（幼儿可能会指着艺术区说"在那儿"）。确认所有这些材料的确都来自于艺术区，并对孩子们说类似"今天我们就要像小兔子一样蹦蹦跳跳地去艺术区，在那里度过我们的小组活动时间"这样的话。来到艺术区后的第一件事是告诉幼儿，他们可以随意使用这个区域里的所有材料。在这段时间里，**观察幼儿如何操作材料，并模仿他们的活动**。十分钟后告诉幼儿，小组活动时间还剩三分钟。三分钟后，帮助幼儿整理活动材料，并提醒他们规划一下如何在工作时间里继续操作这些材料。

大组活动时间

KDIs 16、41

将一日常规表上的夹子或标记移至下一项内容上，并告诉幼儿大组活动时间到了。

歌唱
第一步

当幼儿陆续集合到一起时，首先接着昨天继续唱《摇摆钟表》。反复唱

几遍，当大部分幼儿都集中在一起时就一起唱：

"我们就要坐下来，坐下来，坐下来，开始我们的大组活动时间……"

第二步

和幼儿一起唱几首类似的歌曲，如《蜘蛛嘶嘶》(*Itsy Bitsy Spider*)、《小星星》。歌唱过程中请注意以下事项。

■ 节奏不要太快，以便所有的幼儿都能跟上。

■ 每一句唱完后适当停顿，再唱下一句。

■ 尽量配合简单的手势和表情，每首歌不多于4—5个手势和表情。

第三步

请幼儿边唱边跳地进入一日常规的下一个环节。

其他   户外活动时间—KDIs 12、16/ 餐间谈话—KDIs 7、22

户外活动时间

继续和幼儿一起探索户外空间。在确保安全的同时，教师要和幼儿一起游戏，并告诉他们所进行的活动内容。

餐间谈话

更多了解幼儿个体，与他们聊聊他们在家喜欢做些什么。以提出开放性问题的方式提问并停顿，倾听幼儿的回答。这一策略会使幼儿乐于跟你分享他们的想法。

家园联系

给每名幼儿一份带有其名字及个性化图标的副本，并鼓励幼儿与家人分享。

观察

记录你所观察到的幼儿的言行。你可以复制附录中的表格来做记录。

后续工作

■ 准备明天要用的签名表。

■ 复制附录中的表格，记录下需要继续关注、追踪的线索和想法。

第 3 天

课程内容——关键发展指标（KDIs）*		
2. 计划性	16. 大肌肉运动技能	35. 空间意识
6. 反思	22. 表达	40. 视觉艺术
9. 情感	24. 语音意识	41. 音乐
11. 集体	25. 字母知识	43. 假装游戏
12. 建立关系	26. 阅读	
13. 合作游戏	29. 书写	

* 在幼儿的个体活动中观察上述关键发展指标。

问候时间　　　　　　　　　　　　　　　　　　KDIs 12、24、25、26、29

教师 1

当幼儿走进活动室时，和他们问好。幼儿摆放个人物品时，如有需要，教师及时提供帮助。

教师 2

挑选十本左右的图书，摊开，摆放在地板上。师幼一起阅读图书(提示：这段时间应掌握在 15 分钟之内)。

公告板

在公告板里画出两个剪贴板的图样，或挂上两个剪贴板实物。向幼儿介绍签名表，并告诉他们签名表放在图书区里。

在公告板上写出本班教师的名字及相应的个性化图标。向幼儿介绍老师名字的书写体及对应图标。

计划时间　　　　　　　　　　　　第一组—KDI 2/ 第二组—KDI 2

请一名幼儿将一日常规表上的夹子或标记移至下一项内容上。告诉幼儿做计划的时间到了。

第一组：魔法棒指一指

从袋子里任意拿出一名幼儿的名字及图标卡片，这名幼儿就可以用魔法棒指一指他今天想要玩的东西。问一问他今天想怎么玩刚才选中的玩具或材料。幼儿分享后，就可以按照计

划开始了。如此重复，直到小组内每名幼儿都开始实施他们的计划。

第二组：区域卡片与活动材料

在计划时间开始前，从每个区域收集一件有代表性的活动材料（例如，平底锅可以代表娃娃家；一块积木可以代表积木区；一支毛笔可以代表艺术区）。在计划时间里，把区域名称卡片摊放在桌子上，并请幼儿把卡片和

代表这个区域的物品一一对应起来。随后请每名幼儿指出他们想要工作的区域，并和其他小朋友分享自己的计划。当幼儿做出回答后，他就可以按照自己的计划自由地开始活动了。

工作时间　　　　　　　KDIs 9、12、13、40、43

请一名幼儿将一日常规表上的夹子或标记移至下一项内容上。告诉幼儿工作时间到了。

教师 1

以和幼儿"平起平坐"的方式参与幼儿的游戏（坐在地板上、坐在小椅子上、跪着、蹲下，等等）。与幼儿进行平行游戏，也就是你独自操作材料，模仿幼儿正在做的事情。继续关注幼儿的感受，并让他们知道你在意他们的感受，如对幼儿说："你很想到水盘那里去。""你搭的积木总是倒下来，你感到很沮丧。我很想知道接下来你想怎么搭建这些积木。"

教师 2

重点关注本组幼儿正在使用哪些材料。在工作时间临近结束时，收集每名幼儿使用过的一件材料，用于随后的回顾时间。将这些材料集中放在一个篮子里。

清理时间　　　　　　　　　　KDI 11

在活动结束前的十分钟和五分钟，分别对幼儿进行口头提示。将标记移至一日常规的下一项，并用摇铃或弹奏器乐的方式提示幼儿，清理时间到了。和幼儿一起清理活动材料与区域环境，告诉幼儿，区域内的标签会提示大家活动材料应该放置在活动室的哪个位置上。

回顾时间　　　　　第一组—KDI 6/ 第二组—KDI 6

请一名幼儿将一日常规表上的夹子或标记移至下一项内容上。告诉幼儿回顾时间到了。

第一组：拿来几件你玩过的物品

每次请一名幼儿拿一件刚才他曾经玩过的活动材料，带到回顾时间，并向小组成员展示。与大家分享他是怎样操作这个材料的。分享结束后，第一名幼儿放回活动材料的同时，下一名幼儿就可以去取一件物品。在幼儿取材料时，你可以向大家明确他所去的区域，如："我看到阿莉（Allie）走向了积木区。我很好奇她会拿来什么东西。"

第二组：神秘袋

工作时间快结束时，收集本组幼

儿刚刚玩过的一件活动材料。将这些材料装进你的神秘袋中。在回顾时间，告诉幼儿，你今天看到他们玩了不同的材料，你希望让他们猜猜看，谁分别玩了什么东西。当你把材料从袋子里拿出来时，请幼儿互相交流一下他们看到谁刚才玩了这个材料。你可以同时说明每件物品分别来自于哪个区域，如："是的，贾森（Jason）刚才在玩平底锅。他是在娃娃家玩的。"

小组活动时间　　　　　　　第一组—KDIs 25、26/ 第二组—KDIs 35、40

请一名幼儿将一日常规表上的夹子或标记移至下一项内容上。告诉幼儿小组活动时间到了。

第一组：探索图书区

在事先约定好的地点集合，将图书区的几本书和其他几件物品摆放在桌子上。问问幼儿，他们可以在活动室的哪些地方找到这些材料（幼儿可能会指着图书区说"在那儿"）。确认所有这些材料的确都来自于图书区，并对孩子们说类似"今天我们要像小老鼠一样悄悄地爬到图书区，在那儿度过我们的小组活动时间"这样的话。来到玩具区后的第一件事就是告诉幼儿，他们可以随意使用这个区域里的所有材料。在这段时间里，**观察幼儿如何与材料互动**。你会发现，让幼儿选择各种书会比向全体幼儿讲述一个故事容易得多。十分钟后，告诉幼儿小组活动时间还剩三分钟。三分钟后，帮助幼儿整理活动材料，提醒幼儿，他们可以规划如何在工作时间里操作这些材料。

第二组：探索积木区

在事先约定好的地点集合，在桌子上摆放几块不同的积木。问问幼儿，他们可以在活动室的哪些地方找到这些材料（幼儿可能会指着积木区说"在那儿"）。确认所有这些材料的确都来自于积木区，并向幼儿出示代表积木区的卡片。对幼儿说类似"今天我们要滑到积木区，在那里度过我们的小组活动时间"这样的话。来到积木区后的第一件事就是告诉幼儿，他们可以随意使用这个区域里的所有材料。在这段时间里，**观察幼儿如何与材料互动，并模仿他们的行动**。十分钟后，告诉幼儿小组活动时间还剩三分钟。三分钟后，帮助幼儿整理活动材料，提醒幼儿，他们可以规划如何在工作时间里继续操作这些材料。

大组活动时间 　　　　　　　　　　　KDIs 16、41

请一名幼儿将一日常规表上的夹子或标记移至下一项内容上。告诉幼儿大组活动时间到了。

歌唱

第一步

当幼儿陆续集合到一起时，以第1天的《摇摆钟表》作为开始，反复唱几遍。当大部分幼儿都集合好后，一起唱：

"我们就要坐下来，坐下来，坐下来，开始我们的大组活动时间……"

第二步

和幼儿一起唱几首类似的歌曲，如《蜘蛛嘶嘶》《小星星》。歌唱过程中请注意以下事项。

- 节奏不要太快，以便所有幼儿都能跟上。
- 每一句唱完后适当停顿，再唱下一句。
- 尽量配合简单的手势和表情，每首歌不多于4—5个手势和表情。

第三步

请幼儿爬着进入一日常规的下一个环节。

其他 　　　　户外活动时间—KDIs 9、12/ 餐间谈话—KDIs 12、22

户外时间

继续和幼儿一起探索户外活动空间。在确保安全的同时，教师以"平起平坐"的方式参与到幼儿的游戏中（坐、跑、跪、蹲等）。与幼儿一起展开平行游戏，你独自操作材料，模仿幼儿正在做的事情。继续关注幼儿的感受，并让他们知道你在意他们的感受，如对幼儿说："你很想骑那辆车。""你跑得快极了，我看到你脸上充满了笑容，你一定高兴极了。"

餐间谈话

在用餐时，和幼儿玩猜谜游戏，以帮助他们了解不同区域的材料。教师说出一种材料的名称，看看哪个小朋友可以猜出这种材料来自于哪个区域，如问幼儿："这些小汽车是哪个区域的？如果我想用蜡笔，我可以在哪里找到呢？"接下来让幼儿轮流说出材料的名称，其他幼儿来猜。

观察

记录你所观察到的幼儿的言行。你可以复制附录中的表格来做记录。

后续工作

■ 继续塑封歌曲卡，并添加到歌曲集中。当你和幼儿唱新歌时，一定记得将新歌添加到歌曲集里（参见本章"准备工作：第1周概览"中制作活动室歌曲集的建议）。

■ 准备一份家长通知单，请幼儿带回家，请家长协助捐献一些废旧容器和盖子，下周开展活动时会用到。

■ 复制附录中的表格，记录下继续关注和追踪的线索与想法。

第 4 天

课程内容——关键发展指标（KDIs）*		
2. 计划性	16. 大肌肉运动技能	29. 书写
6. 反思	22. 表达	40. 视觉艺术
9. 情感	24. 语音意识	42. 律动
11. 集体	25. 字母知识	43. 假装游戏
12. 建立关系	26. 阅读	
13. 合作游戏	28. 图书知识	

* 在幼儿的个体活动中观察上述关键发展指标。

问候时间　　　　　　　　　　　　　KDIs 12、24、25、26、29

教师 2

向幼儿问好，并提醒幼儿在签名表上写下自己的名字，签名表的旁边放有供幼儿阅读的图书。当所有幼儿都到齐后，教师可帮助那些还没有签名的幼儿找到他所在小组的剪贴板，并找到写有他名字的格子。摆放个人物品时，如有需要，教师及时提供帮助。

教师 1

挑选十本左右的图书，摊开，摆放在地板上。师幼一起阅读图书(提示：这段时间应掌握在 15 分钟之内)。

公告板

在公告板上画出两个剪贴板的图标或挂上两个剪贴板实物。询问幼儿，他们认为这条消息是什么意思（这是对他们来园签到的一个提示）。

画一个儿童储藏间或带锁的小柜子，旁边再画上一个"？"。指着问号对幼儿说："当我们有疑惑时，就用问号来表示。"询问幼儿图画里有什么，以及他们的橱柜里都有什么东西（这条提示消息的作用是提醒幼儿，要将作品放进自己的橱柜里，也可以将作品带回家）。

计划时间　　　　　　　　第一组—KDI 2/ 第二组—KDI 2

请一名幼儿将一日常规表上的夹子或标记移至下一项内容上。告诉幼儿做计划的时间到了。

第一组：从管子里看一看

从袋子里拿出任意一名幼儿的名字及图标卡片，这名幼儿就可以通过管子（如厨房用纸的纸筒）看一看，决定他今天想要玩的东西。问一问他今天想怎么玩刚才选中的玩具或材料。幼儿分享后，就可以按照计划开始了。如此重复，直到小组内所有幼儿都开始工作。

第二组：魔法棒指一指

从袋子里任意拿出一名幼儿的名字及图标卡片，这名幼儿就可以用魔法棒指一指他今天想要玩的东西。问一问他今天想怎么玩刚才选中的玩具或材料。幼儿分享后，就可以按照计划开始了。如此重复，直到小组内所有幼儿都开始工作。

工作时间　　　　　　　　　　　KDIs 9、12、13、40、43

请一名幼儿将一日常规表上的夹子或标记移至下一项内容上。告诉幼儿工作时间到了。

教师 2

"平起平坐"地参与幼儿的游戏（坐在地板上、坐在小椅子上、跪着、蹲下，等等）。与幼儿进行平行游戏，也就是你独自操作材料，模仿幼儿正在做的事情。对幼儿正在做的事情给予评论，如："桑德拉（Sandra），你搭的塔真高，马里奥（Mario）拼得很长。"

教师 1

重点关注本组幼儿正在使用哪些材料。在工作时间临近结束时，收集每名幼儿使用过的一件材料，用于随后的回顾时间。将这些材料集中放在一个篮子里。

清理时间　　　　　　　　　　　　　　　　　KDI 11

在活动结束前的十分钟和五分钟，分别向幼儿进行口头提示。将标记移至一日常规表的下一项，并用摇铃或弹奏器乐的方式提示幼儿，清理时间到了。和幼儿一起清理活动材料与区域环境，告诉幼儿，区域内的标签会提示大家活动材料应该放置在活动室的哪个位置上。

回顾时间　　　　　　　　第一组—KDI 6／第二组—KDI 6

请一名幼儿将一日常规表上的夹子或标记移至下一项内容上。告诉幼儿回顾时间到了。

第一组：神秘袋

工作时间快结束时，收集本组幼儿刚刚玩过的一样活动材料。将这些材料装进你的神秘袋中。在回顾时间，告诉幼儿，你今天看到他们玩了不同的材料，你希望他们猜猜看，谁分别玩了什么东西。当你把材料从袋子里拿出来时，请幼儿互相交流一下他们看到谁刚才玩了这个材料。你可以同时说明每件物品分别来自于哪个区域，如："是的，贾森刚才在玩平底锅。他是在娃娃家玩的。"

第二组：区域卡片

向幼儿出示区域卡片，并和他们一起讨论刚才谁在哪个区域玩了什么，做了些什么。

小组活动时间	第一组—KDI 43/ 第二组—KDIs 26、28

请一名幼儿将一日常规表上的夹子或标记移至下一项内容上。告诉幼儿小组活动时间到了。

第一组：探索娃娃家

在事先约定好的地点集合，将几件厨具和道具服摆放在桌子上。问问幼儿，他们可以在活动室的哪些地方找到这些材料（幼儿可能会指着娃娃家说"在那儿"）。确认所有材料的确都来自于娃娃家，并向幼儿出示娃娃家的区域卡片。对幼儿说类似"今天我们要踮着脚尖轻轻走到娃娃家，在那里度过我们的小组活动时间"这样的话。来到娃娃家后的第一件事就是告诉幼儿，他们可以随意使用这个区域里的所有材料。在这段时间里，**观察幼儿如何与材料互动，并模仿他们的行动**。十分钟后，告诉幼儿小组活动时间还剩三分钟。三分钟后，帮助幼儿整理活动材料，提醒幼儿，他们可以规划如何在工作时间里继续操作这些材料。

第二组：探索图书区

在事先约定的地点集合，将图书区的几本书和其他几件物品摆放在桌子上。问问幼儿，他们可以在活动室的哪些地方找到这些材料（幼儿可能会指着图书区说"在那儿"）。确认所有这些材料的确都来自于图书区，并对孩子们说类似"今天我们要像小老鼠一样悄悄地爬到图书区，在那里度过我们的小组活动时间"这样的话。来到图书区后的第一件事是告诉幼儿，他们可以随意使用这个区域里的所有材料。在这段时间里，**观察幼儿如何与材料互动**。你会发现，让幼儿选择各种书会比向全体幼儿讲述一个故事容易得多。十分钟后，告诉幼儿，小组活动时间还剩三分钟。三分钟后，帮助幼儿整理活动材料，提醒幼儿，他们可以规划如何在工作时间里继续操作这些材料。

| 大组活动时间 | KDIs 16、42 |

请一名幼儿将一日常规表上的夹子或标记移至下一项内容上。告诉幼儿大组活动时间到了。

摇摆我们的身体

为幼儿和教师每人准备一块方毯。

第一步

以简单上口的歌曲作为开始——"我们要摇啊、摇啊、摇啊"——就像前几天做的那样。

第二步

请幼儿拿一块方毯，并找个合适的地方铺开（这可以为幼儿的个人活动空间提供一个适当的界限）。告诉幼儿，他们可以站在毯子上摇摆身体。向幼儿示范你可以怎样将两只胳膊拧在一起，又如何放开。请幼儿也试着做一做。告诉幼儿，如果他们觉得还有什么是可以拧在一起的，也请他们试试这个想法。如此这般继续进行其他动作，如弯曲和伸直四肢，蜷缩和伸展身体，或上上下下地来回摇动身体的某个部位。在整个过程中，**记住一定要询问幼儿有什么想法，并试着做出来**，无论他们分享了什么样的主意都可以。

第三步

请幼儿们在进入下一常规内容前相互握手。

| 其他 | 户外活动时间—KDIs 12、16/ 餐间谈话—KDIs 12、22 |

户外活动时间

户外活动时，观察幼儿，并对你所看到的行为做出评论（可参见"第4天"的"工作时间"）。以下是可供参考的评论示例："珍妮弗（Jennifer），你跑得可真快啊！""格蕾丝（Grace），你找到了大卡车，现在你正在推着它们从树下驶过。"

餐间谈话

利用用餐时间继续和幼儿聊一聊他们在工作时间所做的事情。当你向幼儿提出一个开放性的起始问题后，停下来认真倾听他们的回答。你可以就你观察到的幼儿行为做出评论，并吸引更多幼儿参与到话题中来，如："玛塞勒（Marcella），我看到你也在玩积木，你刚才在和伊桑（Ethan）一起玩吗？"

家园联系

请家长捐助一些可回收的废旧容器。你可以在下周的小组活动时间使用这些材料，还可以进一步丰富活动室的材料。具体包括以下几类容器。

- 不同种类的盖子（如拧上去的盖子、"咔嗒"一声扣上去的盖子、喷嘴式的盖子）。

- 各种不同颜色的容器，透明的、不透明的。

- 带有商标的容器，或没有任何标识的容器。

观察

记录你所观察到的幼儿的言行。

你可以复制附录中的表格来做记录。

后续工作

- 将方毯添加到活动室材料中。你可以将它们放在靠近集体活动的地点或靠近积木区的位置上。

- 准备《大巴上的车轮》（*The Wheels on the Bus*）歌曲卡片，并添加到活动室歌曲集中，为第二天的大组活动做好准备（参见"第 5 天"）。

- 准备一份家长通知单，为进行本周小结做准备。通知内容包括一张幼儿姓名及图表卡片，并要求收集幼儿家庭及朋友的照片（参见"第 5 天"）。

- 复制附录中的表格，记录下想要继续关注和追踪的线索与想法。

第 5 天

* 在幼儿的个体活动中观察上述关键发展指标。

问候时间   KDIs 12、24、25、26、29、57

教师 2

向幼儿问好，并提醒幼儿在签名表上写下自己的名字，签名表旁放有供幼儿阅读的图书。当所有幼儿都到齐后，如有需要，教师可帮助幼儿找到他所在小组的剪贴板，并找到写有他名字的格子。摆放个人物品时如有需要，教师要及时提供帮助。

教师 1

挑选十本左右的图书，摊开，摆放在地板上。师幼一起阅读图书(提示：这段时间应掌握在 15 分钟之内)。

公告板

将一块方毯放在公告板下面的地板上，并在公告板上画一个箭头，指向下方的方毯。帮助幼儿阅读公告板信息，并提醒他们，昨天在大组活动时间里曾经用过方毯。告诉幼儿，他们在工作时间里可能也会想到要用这些方毯，并询问他们打算如何用。

在公告板上画出"不上学日"的标志——一个红色圆圈中画有两幅学校示意图，并被一条斜线对称地分开，其基本形式与日常生活中通用的"禁止"标志相仿(可参见第 1 章"准备工作：第 1 周概览"图 1-1)。同时在公告板上写出文字"2 个不上学日"，以帮助幼儿将文字与符号相对应。提醒幼儿，他们将在家里待两天后再来幼儿园。

计划时间   第一组—KDI 2/ 第二组—KDI 2

请一名幼儿将一日常规表上的夹子或标记移至下一项内容上。告诉幼儿做计划的时间到了。

第一组：区域卡片与活动材料

在计划时间开始前，从每个区域收集一件有代表性的活动材料（例如，平底锅可以代表娃娃家；一块积木可以代表积木区；一支毛笔可以代表艺术区）。在计划时间里，把区域名称卡片摊放在桌子上，并请幼儿把卡片和代表这个区域的物品一一对应起来。随后请每名幼儿指出他们想要工作的区域，并和其他小朋友分享自己的计划。当幼儿做出回答后，他就可以按照自己的计划自由地开始活动了。

第二组：从管子里看一看

从袋子里拿出任意一名幼儿的名字及图标卡片，这名幼儿就可以通过管子（如厨房用纸的纸筒）看一看，决定他今天想要玩的东西。问一问他今天想怎么玩刚才选中的玩具或材料。幼儿分享后，就可以按照计划开始了。如此重复，直到小组内所有幼儿都开始工作。

工作时间　　　　　　　　　　　　　KDIs 9、12、13、40、43

请一名幼儿将一日常规表上的夹子或标记移至下一项内容上。告诉幼儿工作时间到了。

继续与幼儿进行**平行游戏**，并随时**关注哪个幼儿需要额外的帮助**。特别是要关注那些可能在参与进入游戏时遇到困难的幼儿，并给予他们帮助。例如，你可以这样说："我记得你刚才是计划在娃娃家做饭，现在还是这个计划吗？我们一起过去看一看，还有什么其他你更想做的事情，好吗？"

清理时间　　　　　　　　　　　　　　　　　　　KDI 11

在活动结束前的十分钟和五分钟，分别对幼儿进行口头提示。将标记移至一日常规表的下一项，并用摇铃或弹奏器乐的方式提示幼儿，清理时间到了。和幼儿一起清理活动材料与区域环境，告诉幼儿区域内的标签会提示大家活动材料应该放置在活动室的哪个位置上。

回顾时间　　　　　　　　　　　第一组—KDI 6/ 第二组—KDI 6

请一名幼儿将一日常规表上的夹子或标记移至下一项内容上。告诉幼儿回顾时间到了。

第一组：区域卡片

向幼儿出示区域卡片，并和幼儿一起讨论刚才谁在哪个区域玩了什么，做了什么。

第二组：拿来几件你玩过的物品

每次请一名幼儿拿一件刚刚在区域里玩过的物品，并在小组里展示，和组里的其他小朋友分享自己是怎样玩的。第一名幼儿分享结束，将物品放回原处后，下一名幼儿就可以到区域里取他想分享的物品了。你可以向小组成员明确幼儿选择的物品来自哪个区域，例如，可以这样说："我看到阿莉（Allie）正走向积木区，我很想知道她会带回一件什么东西来。"

小组活动时间	第一组—KDIs 35、40/ 第二组—KDI 43

请一名幼儿将一日常规表上的夹子或标记移至下一项内容上。告诉幼儿小组活动时间到了。

第一组：探索积木区

在事先约定好的地点集合，在桌子上摆放几块不同的积木。问问幼儿，他们可以在活动室的哪些地方找到这些材料（幼儿可能会指着积木区说"在那儿"）。确认所有这些材料的确都来自于积木区，并向幼儿出示代表积木区的卡片。对幼儿说类似"今天我们要滑到积木区，在那里度过我们的小组活动时间"这样的话。来到积木区后的第一件事就是告诉幼儿，他们可以随意使用这个区域里的所有材料。在这段时间里，**观察幼儿如何与材料互动，并模仿他们的行动。**十分钟后，告诉幼儿小组活动时间还剩三分钟。三分钟后，帮助幼儿整理活动材料，提醒幼儿，他们可以规划如何在工作时间里继续操作这些材料。

第二组：探索娃娃家

在事先约定好的地点集合，将几件厨具和道具服摆放在桌子上。问问幼儿，他们可以在活动室的哪些地方找到这些材料（幼儿可能会指着娃娃家说"在那儿"）。确认所有材料的确都来自于娃娃家，并向幼儿出示娃娃家的区域卡片。对幼儿说类似"今天我们要踮着脚尖轻轻走到娃娃家，在那里度过我们的小组活动时间"这样的话。来到娃娃家后的第一件事就是告诉幼儿，他们可以随意使用这个区域里的所有材料。在这段时间里，**观察幼儿如何与材料互动，并模仿他们的行动。**十分钟后，告诉幼儿小组活动时间还剩三分钟。三分钟后，帮助幼儿整理活动材料，提醒幼儿，他们可以规划如何在工作时间里继续操作这些材料。

大组活动时间	KDIs 41、42

请一名幼儿将一日常规表上的夹子或标记移至下一项内容上。告诉幼儿大组活动时间到了。

歌唱

拿出活动室里的歌曲集。

第一步

唱"我们要摇啊、摇啊、摇啊"这首歌。当所有幼儿都加入进来后，再唱一遍，结束时，所有人都坐在地板上。

第二步

向幼儿出示《大巴上的车轮》这首新歌的歌曲卡（参见第1章"准备工作：第1周概览"中关于如何制作活动室歌曲集的说明）。按照幼儿的想法多唱几遍。

第三步

将这张歌曲卡添加到活动室歌曲集中，而后出示一张写有某个幼儿名字及图标的即时贴，告诉全体幼儿：这名幼儿可以在歌曲集中挑选一首歌曲，并把自己的即时贴贴在那一页上。当那名幼儿选完一首歌后，全体幼儿就一起唱这首歌。告诉幼儿，日后每个人都有机会轮流选择一首歌曲。

其他　　　　　　　　　　　　　　　　餐间谈话—KDIs 12、24、25

餐间谈话

描述几名幼儿的个性化图标，看看他们能不能猜出是谁。例如，"这位小朋友的图标是一种动物"，接下来请幼儿一起猜；"这种动物有锋利的牙齿"，幼儿们继续猜；"这种动物的名字是以 a 或 b 开头的"。继续为幼儿提供一些线索，直到他们猜出是哪位小朋友。当幼儿熟悉了这个游戏后，他们就会渴望由自己给出提示线索。

家园联系

为家长提供一份本周活动的简短小结，同时提供家长一页纸，标题正中为幼儿的姓氏与图标，如"亨利 ♥ 之家"。请家长利用周末协助幼儿选几张与亲朋好友的合影，贴在这张纸上。并告诉家长，这页纸会作为《我们的班级》这本册子中的一页，照片会在学年末时退还给个人。

观察

记录你所观察到的幼儿的言行。
你可以复制附录中的表格来做记录。

后续工作

复制附录中的表格，记录下继续关注和追踪的线索与想法。

建立在所学基础上的第 1 周总结

本周，你在本班活动室开展了如下工作。

- 建立起一以贯之的高瞻课程一日常规。
- 以实际操作的方式帮助幼儿熟悉高瞻的一日常规。
- 用过渡活动从一个环节转换到下一个环节。
- 引入公告板，作为与所有幼儿沟通班级主要信息的方式。

幼儿在以下方面得到了重点支持和帮助。

- 与活动室中的成人建立关系。
- 开始与其他幼儿建立关系。
- 开始表达自己的计划、选择和意图。

- 开始和他人谈论对他们来说很重要的东西。
- 通过字母与符号的联系，开始发展音素意识。
- 利用每日签名表，开始学习以多种不同的方式书写。

通过运用如下互动策略，你的师幼互动技能得到了发展。

- 为幼儿提供安慰和交流。
- 观察并发现那些需要安慰和交流的幼儿。
- 提供安慰性的肢体接触。
- 提供简单的认可。
- 认可幼儿的感受。
- 参与幼儿的游戏。
- "平起平坐"地参与幼儿的游戏。
- 与幼儿进行平行游戏。
- 以评论和描述所观察到的情况开始对话。

了解"大组活动时间"

高瞻课程的大组活动时间是指在一日常规中，所有幼儿和教师一起参与活动的时间，传统中称之为"圆圈时间"（circle time）。即使在大组活动时间，教师的计划也包含幼儿主动学习的成分。你会注意到，本书中的大组活动时间是以为幼儿提供选择机会、让幼儿分享观点，以及成人与幼儿交替主导的方式进行的，旨在鼓励幼儿成为活动的主体。以下模式将使你的大组活动时间更有趣，更吸引人，也会使幼儿从中获得更多有意义的经验。

活动开始

- 以一个容易加入的活动作为开始，吸引幼儿加入大组活动。

- 马上开始。

活动过程

- 每一项活动前都要进行简短的介绍。

- "平起平坐"地、在幼儿的高度上进行活动。

- 如果使用道具，把道具也发给幼儿。

- 参与、观察、倾听。

- 询问幼儿的想法；使用他们的语言。

- 让幼儿主导；模仿他们的动作。

活动过渡

- 给幼儿提示：活动即将结束。

- 把材料归位作为过渡环节的一部分。

- 将最后一项活动作为转向一日常规下一环节的过渡。

第 2 章

第 2 周

准备工作：第2周概览

第2周目标
- 继续与幼儿建立良好的关系。
- 继续帮助幼儿更好地适应班级、规则和你——教师。
- 尝试组织高瞻课程的小组活动。

本周要牢记的事项
提前阅读活动计划，以便在活动开始前准备好所需要的各种材料。

一日常规
- 继续让幼儿在下一项活动开始之前调整一日常规公告板上的标记物。如果在你没有注意到的时候，幼儿能自愿或自发地调整公告板，那就更好了。这就意味着幼儿开始主动地履行一日常规并知道下一步该做些什么了。
- 在问候时间，继续在公告板旁放置签名表和图书，以便幼儿浏览，并在接下来的一年时间里将这项工作持续下去。
- 在这一周的问候时间中，每当读书活动结束时，你可以唱一首过渡歌曲，并以此作为读书活动的结束和

阅读公告板活动的开始。请将此作为问候时间的一部分。
- 在本周的计划和回顾时间里，你会用到第1周制作的卡片，这些卡片里有每个孩子的名字和他们的个性化图标。
- 教师应轮流组织大组活动——教师1组织一天的活动，然后教师2再组织第二天的活动。在不需要组织大组活动时，你也应该成为活动的积极参与者。你的榜样作用将帮助幼儿更好地明白他们应该做什么以及怎样做。你也可以帮助那些有需要的幼儿参与活动，并帮助他们与其他幼儿分享自己的想法。
- 周五，将"不上学日"的图标（参见第1章图1-1）粘贴在公告板上。在公告板中写上"2个不上学日"，并帮助幼儿理解"不上学日"图标的意义。提醒幼儿，他们将在家待两天后再回到幼儿园来。

投放到活动室中的材料
- 将佩姬·拉思曼（Peggy Rathmann）创作的图画书《晚安，大猩猩》（*Good Night, Gorilla*）和《鹅妈妈》（*Mother Goose*）作为问候时间的图书。另外，你也可以在第3周的小组活动时间

使用这些书。

■ 继续在活动室歌曲集中添加歌曲卡（参见第 2 章"第 8 天"和"第 10 天"）。

■ 设计一本班级手册：使用一个三孔活页夹和塑料封套。当幼儿带来他们的照片时（参见第 1 章"第 5 天"中的"家园联系"），帮他们将照片放入手册中。手册中也一定要有教师的照片。在问候时间里，要经常使用班级手册。

幼儿离园后要做的工作

■ 记录你对幼儿的观察结果，并简要记录下你希望继续追踪的线索和需要持续关注的方面。

■ 阅读第二天的课程计划，以便在幼儿来园前做好相关准备工作。

本周提示				
星期一（第 6 天）	星期二（第 7 天）	星期三（第 8 天）	星期四（第 9 天）	星期五（第 10 天）
第一组：在计划时间里，将幼儿的名字和个性化图标写在即时贴上	第二组：在计划时间里，将幼儿的名字和个性化图标写在即时贴上		家长通知单：鼓励孩子帮家长洗衣服	家长通知单：与孩子一起阅读；从班级借书处借阅图书

第 6 天

课程内容——关键发展指标（KIDs）*		
1. 主动性	16. 大肌肉运动技能	36. 测量
2. 计划性	23. 词汇	40. 视觉艺术
6. 反思	24. 语音意识	42. 律动
9. 情感	25. 字母知识	43. 假装游戏
11. 集体	26. 阅读	57. 历史
12. 建立关系	29. 书写	
13. 合作游戏	34. 形状	

* 在幼儿的个体活动中观察上述关键发展指标。

问候时间   KDIs 12、24、25、26、29

教师2

当孩子进入班级时向他们问好。提醒他们在适当的位置放置自己的物品，并在自己的小组剪贴板处签名。所有幼儿都来齐后，跟教师1一起阅读。

教师1

挑选十本左右的图书，摊开，摆放在地板上，其中包括那本一日常规手册。跟孩子一起读书（提示：这段时间应掌握在15分钟之内）。

伴随着《玛丽有一只小羊羔》（*Mary Had a Little Lamb*）的曲调，齐唱自编的歌词，如：

现在开始收拾书，

收拾书，收拾书。

现在开始收拾书，

一起阅读公告板。

公告板

把夹子固定在公告板上，并在公告板上写下"一日常规"的字样。帮助幼儿指出夹子是从哪儿来的，以及应该用在何处。我们的目的在于提示幼儿，应该随着活动的变化在一日常规表中相应地移动夹子。

在公告板上画两张桌子，并在每张桌子旁边标上"?"。问问幼儿，他们是否记得自己在哪个小组，并请他们选择一种方式进入各自的小组。

计划时间　　　　　　第一组—KDIs 2、24/ 第二组—KDI 2

第一组：在即时贴上写下名字和个性化图标

每次向幼儿出示一张即时贴，上面有一个幼儿的名字和个性化图标，问问幼儿，这是谁的名字。当幼儿答对时，将即时贴交给它的主人，并请他将即时贴粘贴在他想在工作时间玩的物品上。当幼儿回到桌子旁时，问问他想用那个物品做什么。幼儿回答后，就可以开始游戏了。教师要与小组中的每名幼儿进行上述活动。

第二组：照相机

教师拿出一个旧照相机（也可以是一个小盒子做成的假相机），幼儿可以用照相机假装给自己想在工作时间玩的物品拍照。与别人分享完自己的活动计划后，他们就可以开始将计划付诸实施了。

工作时间　　　　　　KDIs 1、9、12、13、40、43

在经过一个周末后，教师可利用工作时间重新与幼儿建立并巩固关系。至少有一名教师要跟每位幼儿单独相处一段时间。开始时，教师要注意观察那些需要通过帮助才能开始活动的幼儿。**教师一定要蹲下来，并认真倾听幼儿的谈话，且重复他的谈话内容，表达自己的感受。**

清理时间　　　　　　KDI 11

在活动结束前的十分钟和五分钟，分别对幼儿进行口头提示，并用摇铃或弹奏器乐的方式提示幼儿，清理时间开始了。帮助幼儿清理物品，并在这一过渡环节中保持轻快、愉悦的氛围。

回顾时间　　　　　第一组—KDIs 6、24、26/ 第二组—KDIs 6、36

第一组：名字与个性化图标

从一个袋子里拿出幼儿的名字和个性化图标。告诉幼儿，当他们拿到自己的名字卡时，可以告诉别人自己在工作时间中都做了什么。当所有幼儿都分享完后，他们可以拿着自己的名字卡吟唱出来，例如"汉娜红心（Hannah Heart），汉娜红心玩了＿＿＿"，或者"康妮外套（Connie Coat），康妮外套，康妮外套玩了＿＿＿"。

第二组：大袋子与小袋子

在本组桌子上放一个大袋子和一个小袋子。每次让一名幼儿去拿一个他在工作时间中使用过的物品，并放到袋子里。让幼儿想一想，他们的物品要放在大袋子里还是小袋子里。在等待这名幼儿取放物品时，教师可以请其他幼儿讨论一下那个幼儿正在干什么。你可以这样说："有人看到戴维（Davie）今天干了什么吗？你们认为戴维会去拿什么东西？"或者你可以说："今天有谁跟戴维一起工作？""你跟戴维一起工作了吗，安娜（Anna）？""你们俩在一起做了些什么？"在回顾时间里，如果有等待时间，你都可以使用这一策略。当那个去拿物品的幼儿回来后，他就可以跟大家分享他所选择的物品以及使用这个物品做了些什么。（然后，你就可以请另一名幼儿去拿某样物品，并和大家分享。）

小组活动时间	第一组—KDIs 23、34/ 第二组—KDI 40

第一组：我的盖子在哪儿？

活动材料

- 干净的、不同形状和大小的空塑料容器、瓶子，且有与之相匹配的盖子。
- 两个大篮子或箱子——一个盛装容器，另一个盛装盖子。

活动开始

告诉幼儿，这里有一些容器，但它们却没有盖子，因为这些盖子都混杂在一起了。向幼儿们展示两个篮子（其中一个装容器，另一个装盖子），请他们帮助老师找出哪些盖子属于哪些容器。教师先示范拿出一个容器，然后开始寻找盖子。问问幼儿，他们认为你所选择的盖子是否适合这个容器。一些幼儿会根据容器的外表而得出判断；另外一些幼儿也许需要试一试，看盖子和容器是否匹配。教师应鼓励幼儿尝试给一个或多个容器配盖子。

活动过程

在幼儿给容器匹配盖子时，教师应倾听他们的谈话，并拓展他们的观察和词汇。例如，你可以说："我看见你的瓶子顶端是个小洞。你认为哪个盖子才适合这样的小圆口？"或者你可以发表评论："你的容器是蓝色的，因此你也应该找个蓝色的盖子来配它。"尽量使用诸如"顶端""盖子""圆形""方形""大""小""开""关""拧""扭""挤""窄""宽"等词汇。如果容器上还有文字，那么教师应该跟幼儿一起指读这些文字。

活动结束

请幼儿帮你将容器和盖子分开，并放回两个不同的篮子中。

第二组：生面团与饼干刀

活动材料

为每名幼儿提供如下材料。

- 一大块生面团。

■ 三把饼干刀。

活动开始

给每名幼儿提供一大块生面团，并告诉他们，今天小组中的每个人都需要用生面团进行游戏。请注意，教师自己也要有一大块生面团。

活动过程

教师依次观察每名幼儿都在用生面团做什么，并用自己的生面团模仿幼儿的做法。在小组活动进行到一半时，将饼干刀放在桌子中间。观察幼儿在活动过程中怎样使用这些饼干刀。使用那些你在工作时间用过的互动策略（参见第 2 章"建立在所学基础上的第 2 周总结"末尾的策略列表）。

活动结束

十分钟以后，给幼儿三分钟时间，让他们将自己的饼干刀放到容器里，并将生面团放回桶中。

大组活动时间　　　　　　　　KDIs 16、42

围巾或飘带

活动材料

■ 一篮（一盒或一桶）围巾或飘带，保证每个幼儿和教师都有一条，且还有一些富余。

第一步

齐唱上周的歌曲"我们要摇啊、摇啊、摇啊"（参见第 1 章"第 1 天"中的"大组活动时间"）。当所有幼儿都加入大组活动后，再唱一段，并请所有人都坐在地板上。将围巾发放给幼儿，允许他们用一段时间先自己探索一下。告诉幼儿，他们需要一直拿着自己的围巾，并想办法与这些围巾一起舞动起来。当幼儿开始探索时，他们也许就会站起来，因为这样会更方便。

第二步

当幼儿都找到了舞动围巾的方法后，教师可以对自己观察到的现象进行评论。

教师："哦，我看见利亚姆（Liam）是这样舞动围巾的，她用一只手抓住围巾的一角，用另外一只手抓住另一角，上下舞动。我们一起来试试利亚姆的方法吧。"

幼儿埃拉（Ella）："我是这样做的！"埃拉展示了她的方法，她用一只手抓着围巾，并反复轻轻地敲打地面。

教师："那好，我们来试试埃拉的办法吧。"然后，教师像埃拉那样做。"现在请回忆一下利亚姆的方法。"幼儿就像利亚姆那样舞动围巾。"现在像埃拉那样做吧。"幼儿又用埃拉的方法舞动围巾。

继续用围巾进行探索，试一试不同的舞动方法。

第三步

告诉幼儿，最后用一种方法舞动围巾，那就是让围巾"飘"到篮子中，教师快速地进行演示。围巾放好后，请幼儿自己"飘"到一日常规的下一个环节。

其他　　　　　户外活动时间—KDIs 12、16/ 餐间谈话—KDIs 12、57

户外活动时间

教师一定要在室外跟幼儿一起玩。看看哪些幼儿在户外活动时需要额外的帮助。教师要**蹲下来并与幼儿的视线持平**，听一听幼儿是怎么说的，**重复并强调幼儿的话**，在恰当的时候肯定他们的感受。简要记录你对幼儿的观察。

餐间谈话

跟幼儿聊一聊他们这个周末都干了些什么。教师可以这样问："这两天你没来幼儿园，在家里都做了些什么呢？"帮助幼儿进行回忆。**倾听**幼儿的回答，**重复并强调**幼儿的话，以肯定他们的回答，如："哦，原来你去了自助洗衣房，然后去看望了你的小表弟。"

家园联系

提醒幼儿和家长，把他们的相册带到幼儿园来（参见第 1 章"第 5 天""家园联系"中曾提过的要求）。

观察

记录你所观察到的幼儿言行。你可以复制附录中的表格来做记录。

后续工作

- 在教室里选择几种活动材料（球、玩具娃娃、粉笔等）带到户外活动中。
- 将装围巾或飘带的篮子添加到娃娃家的区域中。

- 复制附录中的表格，记录下需要继续关注的线索与想法。

第 7 天

课程内容——关键发展指标（KIDs）*		
1. 主动性	16. 大肌肉运动技能	36. 测量
2. 计划性	23. 词汇	40. 视觉艺术
6. 反思	24. 语音意识	42. 律动
9. 情感	25. 字母知识	43. 假装游戏
11. 集体	26. 阅读	50. 交流想法
12. 建立关系	29. 书写	
13. 合作游戏	34. 形状	

* 在幼儿的个体活动中观察上述关键发展指标。

问候时间   KDIs 12、24、25、26、29

教师 1

在门口迎接幼儿并问好。所有幼儿都来齐后，与教师 2 一起阅读。

教师 2

挑选十本左右的图书，摊开，摆放在地板上。师幼一起阅读图书（提示：这段时间应掌握在 15 分钟之内）。伴随着《玛丽有一只小羊羔》的曲调，齐唱以下歌词。

现在开始收拾书，

收拾书，收拾书。

现在开始收拾书，

一起阅读公告板。

公告板

在公告板上画出户外活动中要使用的材料，并画一个箭头指向户外活动时间图标，在图标附近写上"户外活动时间"。问一问幼儿，他们认为这些信息表示什么，并帮助他们理解，即"今天全班要带＿＿＿和＿＿＿去户外玩"。

在公告板上系一条围巾，并画上"娃娃家"的区域标志。引导幼儿阅读这条信息，即在"娃娃家"里添加了一些围巾作为活动材料。

计划时间   第一组—KDI 2/ 第二组—KDIs 2、24

第一组：照相机

教师拿出一个旧照相机（也可以是一个小盒子做成的假相机），幼儿可以用照相机假装给自己想在工作时间玩的物品拍照。与别人分享完自己的活动计划后，他们就可以开始将计划付诸实施了。

第二组：在即时贴上写下名字和个性化图标

每次向幼儿出示一张即时贴，上面有一个幼儿的名字和个性化图标，问问幼儿这是谁的名字。当幼儿答对时，将即时贴交给它的主人，并请他将即时贴粘贴在他们想在工作时间里玩的物品上。当幼儿回到桌子旁时，问问他想用那个物品做什么。幼儿回答后，就可以开始游戏了。教师要与小组中的每名幼儿进行上述活动。

工作时间　　　　　　　　　　KDIs 1、9、12、13、40、43

继续同幼儿一起进行平行游戏，并注意观察哪些幼儿需要额外的帮助。尤其是找一找哪些幼儿从游戏一开始就遇到了困难。你可以对这些幼儿说：

"看起来，有的小朋友在搭建一艘船。要不要去看看他需不需要更多人来帮他一起搭呢？"

"昨天你找到了一些胶带和纸。今天你会用到这些东西吗？"

"你想不想跟我一起去看看，还有哪些事情是你想要做的？"

清理时间　　　　　　　　　　　　　　　　　KDI 11

在活动结束前的十分钟和五分钟，分别对幼儿进行口头提示，并用摇铃或弹奏器乐的方式提示幼儿，清理时间开始了。帮助幼儿清理物品，并在这一过渡环节中保持轻松、愉悦的氛围。

回顾时间　　　　第一组—KDIs 6、36/第二组—KDIs 6、24、26

第一组：大袋子与小袋子

在本组桌子上放上一个大袋子和一个小袋子。每次让一名幼儿去拿一件他在工作时间使用过的物品，并放到袋子里。让幼儿想一想，他们的物品要放在大袋子里还是小袋子里。在等待这名幼儿取放物品时，教师可以请其他幼儿讨论一下那个幼儿正在干什么。你可以这样说："有人看到戴维今天干了什么吗？你们认为戴维会去拿什么东西？"或者你可以说："今天有谁跟戴维一起工作？""你跟戴维一起工作了吗，安娜？""你们俩在一起做了些什么？"在回顾时间里，如果有等待的时间，你都可以使用这一策略。当那个去拿物品的幼儿回来后，他就可以跟大家分享他所选择的物品以及使用这个物品做了些什么。（然后你就可以请另一名幼儿去拿某样物品并和大家分享。）

第二组：名字与个性化图标

从一个袋子里拿出幼儿的名字和个性化图标。告诉幼儿，当他们拿到自己的名字卡时，可以告诉别人自己在工作时间中都做了什么。当所有幼儿都分享完后，他们可以拿着自己的名字卡吟唱出来，例如"汉娜红心（Hannah Heart），汉娜红心玩了_____"，或者"康妮外套（Connie Coat），康妮外套，康妮外套玩了_____"。

 小组活动时间　　　　第一组—KDI 40/ 第二组—KDIs 23、34

第一组：生面团与饼干刀

活动材料

为每名幼儿提供如下材料。

■ 一大块生面团。

■ 三把饼干刀。

活动开始

给每名幼儿提供一大块生面团，并告诉他们，今天小组中的每个人都需要用生面团进行游戏。请注意：教师自己也要有一大块生面团。

活动过程

教师依次观察每名幼儿都在用生面团做什么，并用自己的生面团模仿幼儿的做法。在小组活动进行到一半时，将饼干刀放在桌子中间。观察幼儿在活动过程中怎样使用这些饼干刀。使用那些你在工作时间中用过的互动策略（参见第 2 章"建立在所学基础上的第 2 周总结"末尾的策略列表）。

活动结束

十分钟以后，给幼儿三分钟时间，让他们将自己的饼干刀放到容器里，并将生面团放回桶中。

第二组：我的盖子在哪儿？

活动材料

■ 干净的、不同形状和大小的空塑料容器、瓶子，且有与之相匹配的盖子。

■ 两个大篮子或箱子——一个盛装容器，另一个盛装盖子。

活动开始

告诉幼儿，这里有一些容器，但它们却没有盖子，因为这些盖子都混杂在一起了。向幼儿们展示两个篮子（其中一个装容器，另一个装盖子），请他们帮助老师找出哪些盖子属于哪些容器。教师先示范拿出一个容器，然后开始寻找盖子。问问幼儿，他们认为你所选择的盖子是否适合这个容器。一些幼儿会根据容器的外表而得出判断；另外一些幼儿也许需要试一试，看盖子和容器是否匹配。教师应鼓励幼儿尝试给一个或多个容器配盖子。

活动过程

在幼儿给容器匹配盖子时，教师应倾听他们的谈话，并拓展他们的观察和词汇。例如，你可以说："我看见你的瓶子顶端是个小洞。你认为哪个盖子才适合这样的小圆口？"或者你可以发表评论："你的容器是蓝色的，因此你也应该找个蓝色的盖子来配它。"

尽量使用诸如"顶端""盖子""圆形""方形""大""小""开""关""拧""扭""挤""窄""宽"等词汇。如果容器上还有文字，那么教师应该跟幼儿一起指读这些文字。

活动结束

请幼儿帮你将容器和盖子分开，并放回两个不同的篮子中。

大组活动时间 KDIs 16、42

围巾或飘带，以及轻音乐

活动材料

■ 保证每名幼儿和教师都有一条围巾或飘带，且还有一些富余。

■ 一个 CD 机或卡带播放机。

■ 带有流动感、漂浮感的音乐，且无歌词。

第一步

唱"我们要摇啊、摇啊、摇啊"这首歌。当所有幼儿都加入进来后，再唱一段，结束时所有人都坐在地板上。将围巾发放给幼儿，允许他们用一段时间先自己探索一下。提醒幼儿，昨天他们已经在大组活动时使用过这些围巾了。问问幼儿是否还记得舞动这些围巾的方法，并用他们的方式舞动围巾。

第二步

告诉幼儿，他们今天有机会播放一些音乐，并且可以决定如何随着音乐起舞。随后，请幼儿都站起来并播放音乐。观察并模仿幼儿随着音乐舞动的姿势。

第三步

当音乐停止后，请幼儿一边舞蹈一边将围巾放回篮子，然后跳着舞进入一日常规的下一环节。

其他 户外活动时间—KDIs 12、16/ 餐间谈话—KDIs 12、50

户外活动时间

除了常规材料外，增加一些其他材料，如球、娃娃或粉笔，并将其用到户外活动中。教师一定要在室外跟幼儿一起玩。

餐间谈话

在跟幼儿交谈的过程中，引导他们注意餐桌上的物品或视线范围内清晰可见的物品，以及这些物品的相似与不同。请幼儿以评价和观察的方式来描述这些相似或不同。例如，你可以说："科比（Koby），你的水果看起来和玛格丽特（Margaret）的不一样。"

请科比注意这一点，并对这一对比做出评论。

观察

记录你所观察到的幼儿言行。你可以复制附录中的表格来做记录。

后续工作

- 将装容器和盖子的篮子放到娃娃家，挨着沙池或水池，也可以将它们拿到户外供幼儿玩。

- 写下自己关于后续工作的思考，并复制附录中的表格来做记录。

第 8 天

课程内容——关键发展指标（KIDs）*		
1. 主动性	16. 大肌肉运动技能	35. 空间意识
2. 计划性	22. 表达	36. 测量
4. 问题解决	24. 语音意识	40. 视觉艺术
6. 反思	25. 字母知识	41. 音乐
11. 集体	26. 阅读	42. 律动
12. 建立关系	29. 书写	43. 假装游戏
13. 合作游戏	32. 点数	

* 在幼儿的个体活动中观察上述关键发展指标。

问候时间   KDIs 12、24、25、26、29

教师 2

在门口迎接幼儿并问好。所有幼儿都到齐后，跟教师 1 一起阅读。

教师 1

挑选十本左右的图书，摊开，摆放在地板上。师幼一起阅读图书（提示：这段时间应掌握在 15 分钟之内）。伴随着《玛丽有一只小羊羔》的曲调，齐唱以下歌词。

现在开始收拾书，

收拾书，收拾书。

现在开始收拾书，

一起阅读公告板。

公告板

在公告板上用胶带粘一个盖子和一个容器，并画上放置这个盖子和容器的区域的标识。帮助幼儿阅读并理解这些信息，即容器和盖子放在了_____区。

在公告板上画下一日常规中代表"清理时间"的图标和一个简单的机器人。帮助幼儿理解清理时间的图标，这表示在今天的清理时间，每个幼儿都要扮演机器人。你可以问问幼儿，机器人是怎么动的，它们会发出什么样的声音。建议幼儿模仿机器人的移动方式进入一日常规的下一个环节。

计划时间   第一组—KDI 2/ 第二组—KDI 2

第一组：简单的活动区故事

创编一些简单的有关活动区的故事，例如："在这个活动区里有颜料，

有记号笔，有好多纸。这个区域是什么区？是的！是艺术区！今天谁想在艺术区里工作？"询问幼儿他们要做

什么以及需要哪些材料，以**帮助幼儿拓展自己的计划**。当幼儿分享完他的想法后，就可以开始工作了。

第二组：木偶

活动材料

■ 一个供教师使用的小木偶；一个供幼儿轮流使用的小木偶。

给某个幼儿一个小木偶。这时，教师也拿着一个木偶，请幼儿告诉手里的小木偶今天他要干什么。幼儿分享了自己的计划后，他就可以开始工作了。接下来，将小木偶传递给另一名幼儿并重复上述程序，直到所有幼儿都分享了他的计划。

> **小贴士：** 你会发现，在计划时间里使用的许多策略都可以修改后用在另外一天的回顾时间里。

工作时间　　　　　　　　KDIs 1、12、13、40、43

除了已经使用过的策略，你还可以寻找一些自然的开场方式帮助幼儿开始他们的游戏，并在幼儿的水平上参与他们的游戏。一般来说，当幼儿在探索物质材料、玩角色扮演游戏，或玩一些简单的游戏时，教师的加入会很自然且不具有破坏性。例如，教师可以跟幼儿一起揉面团，而不用面团做任何东西。有时，当幼儿在制作或构建某样物品的过程中，教师的加入就可能是一种破坏性的举动。然而，一旦这些"建筑师"们完工了，他们会非常欢迎其他伙伴加入并继续游戏。注意：教师一定不要掌控幼儿的游戏，相反，应该让幼儿全程控制游戏的方向和进程。

清理时间　　　　　　　　　　KDIs 11、42、43

在活动结束前的十分钟和五分钟，分别对幼儿进行口头提示。在开始清理之前，提醒幼儿，今天每个人都要像机器人一样清理。请幼儿谈一谈他们觉得机器人是怎样移动和说话的。你可以假装按动一个开关，然后"清理机器人"就启动了！如果你能够像机器人那样说话和直挺挺地走路，那就更有趣了。

回顾时间　　　　第一组—KDIs 6、22／第二组—KDIs 41、42

第一组：魔法棒

拿出一根魔法棒（如一根贴上包装纸的管子或棍子），让幼儿用魔法棒指一指他今天玩过的东西，并分享他所做的事情。务必让小组内的每名幼儿都来指一指。

第二组：猜谜游戏

请幼儿依次展示在今天的工作时间中做的事。在幼儿展示时，他还需要伴随着《忙碌的星期一早上》（*All on a Monday Morning*）的曲调哼唱：

这是杰西（Jesse）做的事情，

这是杰西做的，杰西做的，

这是杰西在工作时间做的事情。

教师和其他幼儿也可以模仿杰西的动作。让幼儿猜一猜杰西到底做了些什么。让小组中的每个幼儿都有展示的机会。

小组活动时间　　　　　　第一组—KDIs 4、35/ 第二组—KDIs 32、36

第一组：拼图

活动材料

■ 为每名幼儿提供一套拼图，这套拼图的所有图块都放在一个袋子里，袋子上写着幼儿的名字和个性化图标。再准备两三套富余的拼图。

活动开始

给每名幼儿属于他的那套拼图的底板，教师可以提前用胶带在底板的背面粘上一张小纸片，写上幼儿的名字，这样有助于回忆哪幅拼图属于哪个幼儿。问一问幼儿，他们认为在接下来的小组活动中需要什么物品。当幼儿回答"拼图"或"拼图块"时，就可以把拼图给他们了。

活动过程

教师在桌子之间来回巡视，依次观察每个幼儿，并且做出**具体的点评**，如："你已经拿到最下面的那块拼图了。""你要找一找应该把这块拼图放在哪儿。"当幼儿遇到困难、需要帮助时，教师不应直接帮他们将拼图摆上去，而是需要指出相似的形状或颜色，如："你的这部分拼图是弯的，这堆拼图块儿中有没有弯的？""我看到你的拼图是深蓝色的。在那堆拼图块儿中还有没有深蓝色的呢？"如果需要，可以**提醒幼儿，他们还可以找其他小朋友帮忙，**如："我想特雷莎（Theresa）知道如何拼这些图形，也许你可以问问她。"当幼儿完成拼图后，如果还想玩，他们可以去换一套放在桌子中间的富余的拼图。

活动结束

活动结束前的三分钟，对幼儿进行口头提示。当幼儿完成拼图后，他们可以将拼图堆在桌子中间，或者放回玩具区。然后就可以开始今天的下一项活动了。

> **小贴士：**小组活动时间与逸事。当你在小组活动时间跟幼儿进行互动时，别忘了记录下幼儿的言行。这将是非常好的逸事记录，它们是你了解幼儿发展及兴趣的非常有用的信息。

第二组：使用漏斗

活动材料

给每名幼儿准备如下材料。

- 不同形状的漏斗。
- 清洁、干燥的塑料瓶，如16盎司的汽水瓶、半品脱的水瓶、塑料番茄酱瓶或糖浆瓶；塑料食品容器,如奶油盒、酸奶盒等。
- 干沙子，或食盐、玉米面、鸟食。
- 勺子或舀子。
- 如果可以，最好还有大托盘。

活动开始

给每名幼儿一个托盘、装满沙子的塑料容器、漏斗、勺子和几个塑料瓶。向幼儿介绍这个小组活动，请他们帮你在瓶子中装上沙子。

活动过程

观察幼儿的装沙实验。也许有的幼儿会直接将沙子从塑料容器中倒进瓶子里，也有一些幼儿会使用漏斗。无论幼儿使用哪种方式，都模仿他们做一遍，以表示对幼儿的支持。与幼儿聊一聊不同瓶子装下的沙子量不一样。启发幼儿发现在大容积的瓶子里能装更多的沙子。看一看幼儿是否会数每个瓶子能装多少勺沙子。仔细倾听幼儿是否会用到比较性的词汇去描述容器的大小和形状，或者去比较不同容器的重量。重复并强调幼儿的话，使用描述性的词语引导幼儿专注于当前活动并拓展幼儿的行为。

活动结束

请幼儿将沙子倒回沙盘中，并将漏斗和勺子放回沙盘旁边的容器里。

大组活动时间 KDI 43

唱歌

活动材料

- 活动室歌曲集。

第一步

唱上周学过的"我们要摇啊、摇啊、摇啊"这首歌。当所有幼儿都加入进来后，再唱一段，结束时所有人都坐在地板上。

第二步

拿出活动室歌曲集，给幼儿们看写有一名幼儿的名字及个性化图标的即时贴。让大家了解，这名幼儿可以从这本歌曲集中选择一首歌来唱，还可以将写有他名字的即时贴贴在这首歌的歌曲卡上。当幼儿选好歌曲后，请他唱出这首歌，如果合适的话，也可以唱一唱其他歌词。然后请另一名幼儿再选唱一首歌曲，并让全班幼儿知道，明天其他幼儿将有同样的机会挑选歌曲。

其他 | 户外活动时间—KDI 12/ 餐间谈话—KDIs 6、12

户外活动时间

将一些容器和盖子拿到户外，建议幼儿用这些容器收集自己在户外发现的东西。

餐间谈话

与幼儿进行餐间谈话，并创编一个故事以唤起幼儿在一日常规中的经验。你可以这样说："我们一起来讲一个故事，这个故事可以这样开始——从前，有一个班的小朋友来到了幼儿园，他们……"请确保幼儿能参与到故事的创编中。这时幼儿会发现，教师平时提示的一日常规非常有用。接下来，还可以说："他们透过管子看一看，然后分享了自己的计划，接着他们就开始工作。在工作时间里，他们……"或者，"他们整理好以后，就开始进行回顾。在回顾时间里，他们……"

观察

记录你所观察到的幼儿的言行。你可以复制附录中的表格来做记录。

后续工作

复制附录中的表格，记录下需要继续关注和追踪的线索与想法。

第 9 天

课程内容——关键发展指标（KIDs）*		
1. 主动性	22. 表达	40. 视觉艺术
2. 计划性	24. 语音意识	41. 音乐
6. 反思	25. 字母知识	42. 律动
11. 集体	26. 阅读	43. 假装游戏
12. 建立关系	29. 书写	45. 观察
13. 合作游戏	32. 点数	46. 分类
16. 大肌肉运动技能	36. 测量	51. 自然和物质世界

* 在幼儿的个体活动中观察上述关键发展指标。

问候时间　　　　　　　　　　　　　　KDIs 12、24、25、26、29

教师 1

在门口迎接幼儿并问好。所有幼儿都来齐后，跟教师 2 一起阅读。

教师 2

挑选十本左右的图书，摊开，摆放在地板上。师幼一起阅读图书（提示：这段时间应掌握在 15 分钟之内）。伴随着《玛丽有一只小羊羔》的曲调，齐唱以下歌词：

> 现在开始收拾书，
>
> 收拾书，收拾书。
>
> 现在开始收拾书，
>
> 一起阅读公告板。

公告板

在公告板上画一本班级手册。提醒幼儿，如果他们想阅读这本书，可以去图书区找一找。（关于如何创建"班级手册"，参见第 2 章"准备工作：第 2 周概览"中的相关内容。）

画上一日常规中代表"清理时间"的图标和一个简单的机器人。帮助幼儿理解清理时间的图标，知道这表示在今天的清理时间，每个幼儿还要像昨天那样扮演机器人。你可以问问幼儿，机器人是怎么动的，它们会发出什么样的声音。建议幼儿模仿机器人的移动方式，进入一日常规的下一个环节。

计划时间 　　　　　　　　　　第一组—KDI 2/ 第二组—KDI 2

第一组：书写或画出你的计划

让幼儿写出或画出自己今天要做的事情。桌子上已经摆放了一套区域卡片。**也许对此幼儿会有不同的反应**，有的会七嘴八舌地告诉你他们的计划，有的会画出来，而有的幼儿则会用卡片写下一些词汇作为提示。小一点的幼儿或许需要去拿他们今天想玩的东西，并照着画下来。请记录下每名幼儿都用活动材料做了些什么。

第二组：简单的活动区故事

创编一个简单的有关活动区的故事，例如："这个活动区里有颜料，有记号笔，还有好多纸……这个区域是……是的！是艺术区！今天谁想在艺术区里工作？"询问幼儿他们要做什么以及需要怎样的材料，**以帮助幼儿拓展自己的计划**。当幼儿分享完他的想法后，就可以开始工作了。

工作时间 　　　　　　　　　　KDIs 1、12、13、40、43

继续寻找一些自然的开场方式，加入幼儿的游戏。当你要加入幼儿时，记得去加入那些正在探索某件物品、正在玩角色扮演游戏，或者正在开始一些简单游戏的幼儿。

观察那些正在构建某样物品的幼儿，此时，你需要问自己以下问题，以明晰接下来的步骤。

- 他们是按照自己的想法去做并一步步取得进展的吗？
- 他们这时候是否遇到了问题并需要教师的帮助？
- 他们是否完成了自己的计划，并且此时需要其他参与者加入他们的游戏？

清理时间 　　　　　　　　　　KDIs 11、42、43

在活动结束前的十分钟和五分钟，分别对幼儿进行口头提示。在开始清理之前，提醒幼儿，今天每个人都要像机器人一样清理。请幼儿谈一谈他们觉得机器人是怎样移动和说话的。

你可以假装按动一个开关，然后"清理机器人"就可以启动了！如果你也能够像机器人那样说话和直挺挺地走路，那就更有趣了。

回顾时间　　　　　　　　　第一组—KDIs 41、42/ 第二组—KDIs 2、6

第一组：猜谜游戏

请幼儿依次展示在今天的工作时间中他们的小手都做些了什么。当幼儿展示时，他还需要伴随着《忙碌的星期一早上》的曲调哼唱：

这是杰西做的事情，

杰西做的，杰西做的，

这是杰西在工作时间做的事情。

教师和其他幼儿也可以模仿杰西的动作。让幼儿猜一猜杰西到底做了些什么。要让小组中的每名幼儿都有展示的机会。

第二组：帽子

在桌上放几顶帽子。每次请一名幼儿选择一顶自己的"回顾帽"（recall hat），戴上帽子后说出自己在工作时间中都做了什么。

小组活动时间　　　　　第一组—KDIs 32、36/ 第二组—KDIs 45、46、51

第一组：使用漏斗

活动材料

给每名幼儿准备如下材料。

■ 不同形状的漏斗。

■ 清洁、干燥的塑料瓶，如16盎司的汽水瓶、半品脱的水瓶、塑料番茄酱瓶或糖浆瓶；塑料食品容器，如奶油盒、酸奶盒等。

■ 干沙子，或食盐、玉米面、鸟食。

■ 勺子或舀子。

■ 如果可以，最好还有大托盘。

活动开始

给每名幼儿一个托盘、装满沙子的塑料容器、漏斗、勺子和几个塑料瓶子。向幼儿介绍这个小组活动，请他们帮你在瓶子中装上沙子。

活动过程

观察幼儿的装沙实验。也许有的幼儿会直接将沙子从塑料容器中倒进瓶子里，也有一些幼儿会使用漏斗。无论幼儿使用哪种方式，都模仿他们做一遍，以表示对幼儿的支持。与幼儿聊一聊不同瓶子装下的沙子量不一样。启发幼儿发现在大容积的瓶子里能装更多的沙子。看一看幼儿是否会数每个瓶子能装多少勺沙子。仔细倾听幼儿是否会用到比较性的词汇去描述容器的大小和形状，或者去比较不同容器的重量。重复并强调幼儿的话，使用描述性的词语引导幼儿专注于当前活动并拓展幼儿的行为。

活动结束

请幼儿将沙子倒回沙盘中，并将漏斗和勺子放回沙盘旁边的容器里。

第二组：观察鹅卵石

活动材料

- 为每名幼儿准备一个装有小石子或鹅卵石的容器。
- 放大镜若干。
- 一大张带有图表的纸。
- 一支记号笔。

活动开始

活动开始时，给每名幼儿一块石头，并请他们用放大镜观察。教师在一大张图表上记录幼儿描述石头时所使用的词汇。当幼儿描述石头时，尽量引导所有幼儿都关注被提及的石头的共同属性及不同之处。

活动过程

给每名幼儿一个装有小石头和鹅卵石的容器进行实验。问问幼儿，能否找出某些方面相同的鹅卵石。**观察**幼儿如何对他们的鹅卵石进行分类。看看幼儿是依据颜色、大小、形状还是质地进行分类，并对你所观察到的现象进行点评。重复幼儿描述鹅卵石时使用的关键词，并为他们的描述增加一些新词汇。

活动结束

请幼儿帮你在图表上增加一些描述鹅卵石的词汇。请每名幼儿选择一颗自己最喜欢的鹅卵石，并跟教师描述一下它的样子。要特别注意幼儿是如何描述鹅卵石的相似点和不同点的。

大组活动时间   KDIs 16、42

音乐方毯

活动材料

- 为每名幼儿提供一块方毯，教师多拿几块。
- 一台 CD 机或卡带播放机。
- 没有歌词的节奏活泼的音乐。

第一步

齐唱"我们要摇啊、摇啊、摇啊"这首歌，直到所有幼儿都参与到活动中来。

第二步

告诉幼儿，当教师开始播放音乐时，他们要从一块方毯走到另一块方毯上。当音乐停止时，他们就要停下脚步，并站在一块方毯上。两位教师都应参与幼儿的活动，并为其做示范。

第三步

播放音乐，适时停止。确保每名幼儿都站在方毯上。接着重新播放音乐，再停止，并不断改变音乐播放的时间长短。

第四步

告诉幼儿，这是本次活动的最后一轮，这次音乐停止时，他们应该将方毯摆在一起，并进行下一项活动。

其他　　　　户外活动时间—KDIs 12、51/ 餐间谈话—KDIs 12、41

户外活动时间

在户外跟幼儿一起玩，同时让幼儿关注户外的动植物。聊一聊小草、树木、花朵、石头、种子、昆虫、小鸟、蠕虫等。

餐间谈话

准备吃饭时，用拆分音节的方法叫幼儿的名字，即按幼儿名字中的音节来叫他们。就像说"大雨，大雨，请走开"（Rain，Rain，Go Away）的前两个重读音节那样，可以这样说："加布－里－埃尔（Gab-ri-ele），请递一下果汁。""阿－琳（Ar-leen），请拿一下餐巾。"用餐过程中，当你想给幼儿一些提醒时，也可以用这种方式。

家园联系

与幼儿的家庭成员分享下述理念。

下次洗完衣服后，请让孩子们帮您叠衣服。鼓励孩子自己为袜子配对，将所有的毛巾放在一起，找到他自己的衣服，等等。

你知道……吗？

拆分音节的能力是幼儿发展语音意识的一部分，同时也是感知和掌握大量声音单位的重要能力。幼儿聆听有序语音的一种方法是听到人们叫出或唱出名字、常用词的音节。例如，他们也许会听到父母或其他家庭成员叫"泰－勒（Ty-ler），吃—饭！"或唱"轻轻摇，可爱的小－马－车（cha-ri-ot）"。当听到人们自然而缓慢地念出或唱出名字、词汇，并分割成不同部分的音节时，幼儿便能渐渐地听懂并说出名字或词汇中的音节了。

——改编自玛丽·霍曼《早期读写能力培养课程 教师指南》第 2 页

 观察

记录你所观察到的幼儿的言行。你可以复制附录中的表格来做记录。

 后续工作

- 在玩具区增加一筐鹅卵石，或者将鹅卵石放在沙盘或水盘处。
- 写下自己关于后续工作的思考，并复制附录中的表格进行记录。

第 10 天

课程内容——关键发展指标（KIDs）*		
1. 主动性	22. 表达	41. 音乐
2. 计划性	24. 语音意识	43. 假装游戏
4. 问题解决	25. 字母知识	45. 观察
6. 反思	26. 阅读	46. 分类
11. 集体	29. 书写	51. 自然和物质世界
12. 建立关系	32. 点数	57. 历史
13. 合作游戏	35. 空间意识	
18. 身体意识	40. 视觉艺术	

* 在幼儿的个体活动中观察上述关键发展指标。

问候时间   KDIs 12、24、25、26、29、57

教师 2

在门口迎接幼儿并问好。所有幼儿都到齐后，跟教师 1 一起阅读。

教师 1

挑选十本左右图书，摊开，摆放在地板上。师幼一起阅读图书（提示：这段时间应掌握在 15 分钟之内）。伴随着《玛丽有一只小羊羔》的曲调，齐唱以下歌词：

现在开始收拾书，

收拾书，收拾书。

现在开始收拾书，

一起阅读公告板。

公告板

在公告板上，用胶布粘几块鹅卵石，并画出在活动室里放置鹅卵石的区域标志。帮助幼儿阅读并理解这一信息，即鹅卵石放在了_____区域。

在一个红色圆圈中画两幅学校示意图，中间被一条斜线对称地分开，其基本形式与日常生活中通用的"禁止"标志相仿。在公告板中粘贴两个"不上学日"图标，并向幼儿解释"不上学日"图标的意思，提醒他们，这两天他们会和家人在一起，不用来幼儿园，过了这两个"不上学日"后，他们才重返幼儿园。

计划时间　　　　　　　　第一组—KDI 2/ 第二组—KDIs 2、29、40

第一组：木偶

活动材料

■ 一个供教师使用的小木偶；一个供幼儿轮流使用的小木偶。

给某个幼儿一个小木偶。这时教师也拿着一个木偶，请幼儿告诉手里的小木偶今天他要干什么。当幼儿分享了自己的计划后，他就可以开始工作了。接下来，教师就将小木偶传递给另一个幼儿并重复上述程序，直到所有幼儿都分享了他的计划。

第二组：书写或画出你的计划

让幼儿写出或画出自己今天要做的事情。桌子上已经摆放了一套区域卡片。**也许对此幼儿会有不同的反应，** 有的会七嘴八舌地告诉你他们的计划，有的会画出来，而有的幼儿则会用卡片写下一些词汇作为提示。小一点的孩子或许需要去拿他们今天想玩的东西，并照着画下来。请记录下每名幼儿都用活动材料做了些什么。

工作时间　　　　　　　　　　　　　　　KDIs 1、12、13、40、43

当教师加入到幼儿的游戏中时，**请用幼儿的方式来使用材料。** 对你所观察到的幼儿活动做出**具体的评论，** 而非提问，如："我看到你用了很多红色颜料和一点蓝色颜料。""你在积木上面放了一辆小汽车。"这会让幼儿觉得，你对他们工作很感兴趣，而这也将鼓励他们跟你探讨他们正在进行的工作。

清理时间　　　　　　　　　　　　　　　　　　　　KDI 11

在活动结束前的十分钟和五分钟，分别对幼儿进行口头提示。在开始清理之前，提醒幼儿昨天他们所进行的大组活动，你可以问："当音乐停下来的时候我们应该做些什么？我们要在自己的方毯上'冻住'！"告诉幼儿，在今天的清理时间里，当他们听到音乐停止时也要"冻住"。然后，当音乐再次响起的时候，可以继续清理。一直持续玩这个游戏，直到所有玩具都被收拾好。

回顾时间　　　　　　　　　　　　　　第一组—KDI 6/ 第二组—KDIs 6、22

第一组：帽子

　　在桌上放几顶帽子。每次由一名幼儿选择一顶自己的"回顾帽"，戴上帽子后说出自己在工作时间中都做了些什么。

第二组：魔法棒

　　拿出一根魔法棒（如一根贴上包装纸的管子或棍子），幼儿可以用魔法棒指一指他今天玩过的东西，并分享他所做的事情。请务必让小组内的每名幼儿都来指一指。

小组活动时间　　　　　第一组—KDIs 45、46、51/ 第二组—KDIs 4、35

第一组：观察鹅卵石

活动材料

■ 为每名幼儿准备一个装有小石子或鹅卵石的容器。

■ 放大镜若干。

■ 一大张带有图表的纸。

■ 一支记号笔。

活动开始

　　活动开始时，给每名幼儿一块石头，并请他们用放大镜观察。教师在一大张图表上记录幼儿描述石头时所使用的词汇。当幼儿描述石头时，尽量引导所有幼儿都关注被提及的石头的共同属性及不同之处。

　　活动过程

　　给每名幼儿一个装有小石头和鹅卵石的容器进行实验。问问幼儿，能否找出某些方面相同的鹅卵石。**观察**幼儿如何对他们的鹅卵石进行分类。看看幼儿是依据颜色、大小、形状还是质地进行分类，并对你所观察到的现象进行点评。重复幼儿描述鹅卵石时使用的关键词，并为他们的描述增加一些新词汇。

　　活动结束

　　请幼儿帮你在图表上增加一些描述鹅卵石的词汇。请每名幼儿选择一颗自己最喜欢的鹅卵石，并跟教师描述一下它的样子。要特别注意幼儿是如何描述鹅卵石的相似点和不同点的。

第二组：拼图

活动材料

■ 为每名幼儿提供一套拼图，这套拼图的所有图块都放在一个袋子里，袋子上写着幼儿的名字和个性化图标。再准备两三套富余的拼图。

活动开始

　　给每名幼儿属于他的那套拼图的底板，教师可以提前用胶带在底板的背面粘上一张小纸片，写上幼儿的名字，这样有助于回忆哪幅拼图属于哪个幼儿。问一问幼儿，他们认为在接下来的小组活动中需要什么物品。当幼儿回答"拼图"或"拼图块"时，就可以把拼图给他们了。

活动过程

教师在桌子之间来回巡视，依次观察每个幼儿，并且做出**具体的点评**，如："你已经拿到最下面的那块拼图了。""你要找一找应该把这块拼图放在哪儿。"当幼儿遇到困难、需要帮助时，教师不应直接帮他们将拼图摆上去，而是需要指出相似的形状或颜色，如："你的这部分拼图是弯的，这堆拼图块儿中有没有弯的？""我看到你的

拼图是深蓝色的。在那堆拼图块儿中还有没有深蓝色的呢？"如果需要，可以**提醒幼儿，他们还可以找其他小朋友帮忙**，如："我想特雷莎知道如何拼这些图形，也许你可以问问她。"当幼儿完成拼图后，如果还想玩，他们可以去换一套放在桌子中间的富余的拼图。

活动结束

活动结束前的三分钟，对幼儿进行口头提示。当幼儿完成拼图后，他们可以将拼图堆在桌子中间，或者放回玩具区。然后就可以开始今天的下一项活动了。

大组活动时间	KDIs 18、41

划船

第一步

齐唱上周的歌曲"我们要摇啊、摇啊、摇啊"。当所有幼儿都加入到大组活动中后，再唱一段歌词，请所有人都坐在地板上，并以此作为结束。

第二步

师幼齐唱"划呀，划呀，划小船"，反复唱，同时前后摇动身体。告诉幼儿，如果跟一个朋友一起划船会更加有趣。可以先问问某名幼儿是否愿意跟老师一起划船。两人面对面坐下，手握着手，然后就可以一前一后划船了。请所有幼儿都找到一个朋友，跟自己一起划船。每组幼儿可以玩几遍这个边

唱边玩的游戏。如果幼儿还想继续玩，你可以请他们三个人为一组，一起划。这可能需要幼儿具有一定的问题解决能力，才能找到三个人一起划的方法。幼儿可能会做如下事情。

- 三个人坐成一个圈，一起朝里、朝外划；
- 三个人坐成一个圈，一起向左、向右划；
- 两位幼儿面对面坐，第三位幼儿坐在中间当"乘客"。

记住，只要幼儿的想法是安全的，那么就应该支持和鼓励他们。

第三步

告诉幼儿，最后再划一次，然后

他们就可以划着船进入到一日常规的下一环节了。

其他 　　　　　　户外活动时间—KDIs 12、51/ 餐间谈话—KDIs 12、32

户外活动时间

继续在户外活动时间关注各种动植物，聊一聊小草、树木、花朵、石头、种子、昆虫、小鸟、蠕虫等。为幼儿提供一些小杯子（或是可回收的容器），这样他们就能收集到更多的小石块儿和鹅卵石，以及其他想要收集的东西。注意：也许有的幼儿在这一环节中更想去跑步、骑自行车、攀爬，等等。这也挺好的，重点是要支持幼儿的想法。

餐间谈话

当幼儿开始吃饭时，请他们数一数并比较一下自己盘子里的东西。你可以这样说："我想知道，你吃了一块饼干后现在还剩下几块饼干（豆子，或是其他什么东西）？""德鲁（Drew）有几块饼干（豆子，或是其他什么东西）？"这样，幼儿未来用餐时，也会数一数并进行比较。

家园联系

提示家长为孩子读书的重要性。告诉家长可以从班里借书（如果班里有借阅处的话）并为孩子朗读。如果家长需要借书的话，为他们制作一张借阅表，并告诉他们将一个故事多读几遍是一件很有意义的事。请家长在借阅下一本书之前先归还之前借的那本书。

观察

记录你所观察到的幼儿的言行。你可以复制附录中的表格来做记录。

后续工作

- 将"划呀，划呀，划小船"歌曲卡添到活动室歌曲集里。

- 写下自己关于后续工作的思考，并复制附录中的表格进行记录。

建立在所学基础上的第2周总结

本周你在本班活动室开展了如下工作。

- 继续在实际操作中帮助幼儿学习高瞻的一日常规。
- 继续用过渡活动从一日常规的一个环节过渡到下一个环节。
- 在清理时间使用不同的策略，如像机器人一样动、在方毯上"冷冻"等。
- 在小组活动的课程内容中，融入数学和创造性的呈现方式。
- 在大组活动的课程内容中，融入律动、音乐和数学。
- 在户外活动时间里，将科学用语和思维方式融入师幼互动中。

幼儿在以下方面得到重点支持和帮助。

- 继续与活动室中的成人建立关系。
- 继续与其他幼儿建立关系。
- 表达他们自己的计划、选择和意图。
- 参与那些能够支持其发展的课程活动，包括如下内容。

  学习品质

  社会性和情感发展

身体发展和健康

语言、读写和交流

数学

创造性艺术

科学和技术

社会学习

通过运用高瞻课程如下互动策略，你的师幼互动技能得以发展。（加黑部分是本周使用到的一些新策略）

- 为幼儿提供安慰和交流。
  - 寻找需要安慰和交流的幼儿。
  - 给幼儿提供其喜爱的肢体交流方式。
  - 为幼儿提供简单的认可。
  - 肯定幼儿的感受。
- 参与幼儿的游戏。
  - 参加游戏并跟幼儿处于同一水平。
  - 与幼儿一起进行平行游戏。
  - 用对幼儿活动的观察和评论作为加入幼儿活动的开场。
  - **寻找一种自然的开场方式加入幼儿活动。**
    - **参加幼儿游戏之前，先确定活动类型，如探索、扮演、建构或游戏。**
    - **由幼儿掌控活动进程，教师仅是参与者。**

了解小组活动时间

在小组活动过程中，同一小组的成员相对固定，他们每天都会见面并与同一位教师互动。当教师简要地介绍活动后，幼儿们一般都会拿到自己的那套材料进行工作，有时教师也会给幼儿一些额外的材料或工具，供大家共同使用。例如，每名幼儿都会拿到一个篮子，里面装着一大块生面团和两把饼干刀，而这时桌子中间会放一把大一些的饼干刀供幼儿选用。

一个成功的小组活动需要遵循以下步骤或原则。

活动开始

- 有序放置所有材料或设备。
- 通过以下方式简要介绍小组活动。

　　—分发材料或请幼儿注意那些要操作的设备。

　　—用要使用的材料讲一个简短的故事。

　　—抛出一个问题："现在我们来看看，如果……会发生什么？"

　　—描述材料的特性："在袋子里，你会发现一些很软的东西，还有一些很粗糙的东西。我想知道，你们今天会用这些东西做些什么？"

　　（这两件东西分别是纱线和砂纸）

- 请幼儿立即开始工作。

活动过程

- 观察幼儿如何使用材料以及如何验证活动材料。聆听幼儿说了些什么。
- 你自己也要模仿幼儿使用和验证这些材料。
- 在幼儿之间巡视，并加入他们的谈话。
- 让幼儿在解决问题的过程中参考同伴的方法。
- 使用多种不同的师幼互动策略（就像你在工作时间里使用的那样）。

活动结束

- 在活动结束之前提示幼儿。
- 将整理和收拾物品作为结束活动的一部分。
- 在进入下一个常规活动前使用过渡环节。

第 3 章
第 3 周

准备工作：第3周概览

第3周目标

- 根据对本班幼儿的观察，将你想要表达的信息写在公告板上。
- 鼓励幼儿选择歌曲，并在大组活动中演唱。
- 运用本书所介绍的《成长中的阅读者——早期读写能力培养课程》（*Growing Readers Early Literacy Curriculum*）中的案例开展三个旨在培养读写能力的小组活动。
- 每位教师每天至少完成三篇幼儿观察记录。

本周要牢记的事项

- 提前阅读活动计划，以便在活动开始前准备好所需要的材料。

一日常规

- 继续让幼儿在每项活动开始之前将一日常规表上的夹子移到对应位置。
- 本周，你将用到高瞻基金会的"数字加活动：学前数学课程"（Numbers plus Preschool Mathematics Curriculum）中的三个示范活动。关于第11天、13天和15天的小组活动的详细信息参见第7章内容。

- 周四，为大组活动准备一张有关雕像的照片、图片或绘画。如果条件允许，可以从附近的公园或公共场所找一座雕塑作为蓝本，这样幼儿会比较熟悉这个形象，并可以亲自去看看。
- 继续在活动室歌曲集中添加歌曲卡。使用签到表，并使用过渡歌曲。
- 周五将"不上学日"图标粘贴在公告板上。在公告板中写上"2个不上学日"，并帮助孩子理解"不上学日"图标的意义。提醒幼儿，他们将在家待两天后再回到幼儿园来。

在公告板上创建你自己的信息

- 作为一个教学团队，教师们需要基于自己的观察，选择一些额外的信息增加到公告板中。可以告知幼儿如下信息。
- 教室中新增加的活动材料以及摆放这些材料的区域。
- 常规活动的变化，如"因为下雨了，所以不能到户外去"——可以画一张代表户外活动场所的图，在图上画一个圈和一条斜线，表示"不能去户外"。

□ 教师的变化，如教师 2 今天生病了，就可以在教师 2 的名字和个性化图标上画一个圈和一条斜线，并且可以在旁边画一个箭头指向替班教师的名字和个性化图标。

□ 班级里的客人，如今天有一位地方官员来参观你的班级，你就可以画一张成人观察幼儿游戏的简笔画。

□ 还可以用一些信息表示那些经常在幼儿活动和游戏中出现的事情。

——如果幼儿经常把沙盘里的沙子弄得满地都是，画一幅图画表示沙盘以及地上的脏东西，并在旁边粘上一个小扫帚和簸箕。

——如果幼儿经常在活动室里跑来跑去，甚至有人受伤，画一张受伤的幼儿正在哭泣的图画，并在上面画一个大大的"？"，下面画上受伤幼儿的个性化标志。你可以问问孩子们："昨天，×××为什么哭呢？"他们给出答案后，问问他们是否记得每个人今天都应该注意些什么才能不受伤。回答后，再问问他们，如果看到别人在活动室里跑，自己该怎么办。

——如果幼儿不整理玩具，画一张满地都是玩具的简笔画，并在上面画一个幼儿正在很沮丧地清扫。问一问幼儿："这个小朋友在干什么？""他为什么看起来很沮丧？""我们怎样做才能让他高兴一点？"

——如果有幼儿不盖上记号笔的笔帽，记号笔的水干了，在公告板上粘贴一支没有笔帽、干了的记号笔。问问幼儿这是什么。请一名幼儿试试看这个记号笔还能不能写字，并提问："你们认为这支记号笔为什么不能写字了？""遇到这种情况我们该怎么办？"

幼儿离园后要做的工作

■ 记录你对幼儿的观察结果，并简要记录下你希望继续追踪的线索和需要持续关注的方面（可以用附录中的表格来做记录）。每位教师每天都应该努力完成至少三篇观察记录。

■ 阅读第二天的课程计划，以便在幼儿来园前做好相关准备。

本周提示				
星期一 **（第 11 天）**	**星期二** **（第 12 天）**	**星期三** **（第 13 天）**	**星期四** **（第 14 天）**	**星期五** **（第 15 天）**
两组：数字加活动（Numbers plus activity）（小组活动时间）	第二组：用彩纸做一些边长2英寸的正方形，供小组活动时使用 家长通知单：请给孩子播放音乐	第二组："回顾电视机" 两组：数字加活动（Numbers plus activity）（小组活动时间） 带回家的童谣曲目单	第一组：用彩纸做一些边长2英寸的正方形，供小组活动时使用 大组活动中使用的雕塑照片或绘画	家长通知单：玩"领导者"游戏——孩子就是领导者 第一组："回顾电视机" 两组：数字加活动（Numbers plus activity）（小组活动时间）

注：1 英寸 ≈ 2.54 厘米，2 英寸 ≈ 5.08 厘米

第 11 天

课程内容——关键发展指标（KIDs）*		
1. 主动性	26. 阅读	34. 形状
2. 计划性	28. 图书知识	35. 空间意识
6. 反思	29. 书写	40. 视觉艺术
11. 集体	31. 数词和符号	43. 假装游戏
12. 建立关系	32. 点数	51. 自然和物质世界
13. 合作游戏	33. 部分——整体关系	

* 在幼儿的个体活动中观察上述关键发展指标。

问候时间   KDIs 12、24、25、26、29

教师1

幼儿进入班级时，在门口向他们问好。所有幼儿都到齐以后，跟教师2一起阅读。

教师2

挑选十本左右的图书，摊开，摆放在地板上，跟幼儿一起读书（提示：这段时间应掌握在 15 分钟之内）。阅读结束时，唱一支简单的过渡歌曲。

公告板

在公告板上画出一日常规中表示清理时间的图标和一个"？"，告诉幼儿："在今天的清理时间里，我们要做一些不一样的事情。到底什么事呢？这是个秘密。到清理时间时，你们就知道我们要做什么了！"（注意：在高瞻课程中，教师常用"？"表示疑问或秘密。）还可以根据需要写一些你自己编的信息。

计划时间   第一组—KDI 2/ 第二组—KDI 2

第一组："计划眼镜"（Planning Glasses）

活动材料

■ 一副太阳镜或一个没有镜片的旧眼镜框。

告诉幼儿，在今天的计划时间里，他们将戴上一副特别的"计划眼镜"。让幼儿轮流戴上这副眼镜，看一看在今天的工作时间里，他想做些什么。一名幼儿分享后，他就可以离开去开始自己的工作了。依次重复这个过程，直到所有幼儿都有机会分享自己的计划。

第二组：拼图

在活动开始前，挑选一幅幼儿喜欢的木制手抓板拼图。在每一块拼图的背面贴上一张写着幼儿名字及其个性化图标的即时贴。在计划时间里，让一名幼儿取下一块拼图。拼图背面是哪个幼儿的名字，这名幼儿就站出来分享自己的计划。分享完计划的幼儿可以再取下一块拼图，那片拼图背面写着谁的名字，谁就是下一个分享者。分享完计划的幼儿可以离开，并开始工作。依次重复这个过程，直到所有幼儿都有机会分享自己的计划。

工作时间 KDIs 1、12、13、40、43

继续加入到幼儿的游戏中，并用**幼儿的方式来使用各种材料**。对你所观察到的幼儿活动做出**具体的评论，要避免提问**。例如："哦，你已经穿上了工作服，现在你要使用胶水和丝带来进行装饰了。""你把玩具宝宝放在床上了，现在你要给它一个泰迪熊了。"这些评论会让幼儿感到你对他们的活动很感兴趣，并且能够鼓励幼儿与你交流他们在游戏中的想法。

清理时间 KDI 11

在活动结束前的十分钟和五分钟，分别对幼儿进行口头提示。然后，你可以对幼儿说："今天，我们将进行一个'偷偷摸摸'的清理。"接下来，请幼儿踮着脚尖走路，并轻轻地把玩具放回原处。你也可以一起加入清理活动并"偷偷摸摸"地进行。

> **小贴士：**为清理时间制订计划能够帮助幼儿保持对清理活动的兴趣和参与度。在这些课程计划中，你将看到很多能够帮助幼儿专注于清理的点子。请务必将清理时间作为一日常规的重要环节并为之设计一些策略。请记住，教师所表现出的轻松而愉快的态度能够让幼儿感到每天的清理时间都是非常有趣和有价值的。

回顾时间 第一组—KDI 6/ 第二组—KDI 6

第一组：滚球

在幼儿都围拢到教师的桌子附近后，请他们跟教师一起走到活动室中间的地板处，并围成一个圈坐下。将球滚向某个幼儿，拿到球的幼儿就可以分享他今天做了什么，然后将球滚给另一名幼儿。继续这个活动，直到所有幼儿都分享了自己做过的工作。

第二组：说一说、猜一猜你玩了什么

在回顾时间里，幼儿轮流使用一条围巾或一个帆布袋。第一个开始的幼儿会找一样今天在工作时间使用过的东西，藏在围巾或帆布袋中，并请

其他小朋友都闭上眼睛。藏东西的幼儿可以提供一些他今天所做活动的线索，然后让其他幼儿猜一猜他今天都做了些什么。猜过以后，他就可以给大家看他藏起来的东西到底是什么。接着，下一个幼儿重复玩这个游戏。

小组活动时间　第一组—KDIs 31、32、33/ 第二组—KDIs 31、32、33、34

第一组：数字加活动案例

数感与运算活动 2：坐小船的小熊

幼儿通过增加或减少一块"乘船的"积木来数一数小熊（或其他小物体）的数量。（详见第 7 章的完整活动）

第二组：数字加活动案例

数字加活动 10：数数比萨上的图形

请幼儿数一数玩具橡皮泥比萨上的不同图形，并描述这些图形的特点。（详见第 7 章的完整活动）

大组活动时间　　　　　　　　　　　　　KDIs 24、32、40

行军蚁

第一步

从熟悉的容易加入的活动开始——唱"我们要摇啊、摇啊、摇啊"。当所有幼儿都加入进来后再唱一段，结束时所有人都坐在地板上。

第二步

向幼儿展示教师制作的歌曲卡《蚂蚁列队去行军》(The Ants Go Marching One by One)。幼儿齐唱这首歌，并按顺序从 1 唱到 10。小一点的幼儿也许只能唱几个段落。注意：在唱歌的时候，请让幼儿用手指来表示他们所唱出来的数字。唱完几遍后，请幼儿自己创编押韵的歌词，例如，你可以问他们："怎么用'两只'来编押韵的歌词呢？"他们或许会回答："两只蚂蚁并肩走，小的蚂蚁胶粘住。"(The ants go marching two by two, the little one stops to squeeze the glue）可以请幼儿大声唱出押韵的歌词。接下来，可以重复唱幼儿创编的押韵词汇，允许其中一些使用并不真实存在的词，如"seven/bevin"。

第三步

可以让幼儿模仿蚂蚁"行军"，作为进入下一个环节的过渡。

其他　　　　　户外活动时间—KDIs 12、51/ 餐间谈话—KDIs 12、35

户外活动时间

当教师在户外活动中与幼儿一起玩时，请尽量找一些自然的机会将某些事物或材料与其特性相结合。例如，如果看到了一根木棍，就可以把它与木材联系起来，也可以跟登山者使用的木制拐杖联系起来。或者当你注意到三轮车上的钢圈时，就可以将它和秋千上的钢管联系起来。

餐间谈话

幼儿吃饭时，教师可以使用一些词汇来描述物品的位置，如："你把芝士放在了面包的上面。""你的杯子在勺子和盘子之间。""吉尔（Jill），你坐在吉纳（Gena）的对面。"

观察

记录你所观察到的幼儿的言行。你可以复制附录中的表格来做记录。

后续工作

■ 将《蚂蚁列队去行军》的歌曲卡添加到活动室歌曲集中。

■ 写下自己关于后续工作的思考，并复制附录中的表格进行记录。

第 12 天

课程内容——关键发展指标（KIDs）*		
1. 主动性	18. 身体意识	38. 模式
2. 计划性	22. 表达	40. 视觉艺术
6. 反思	23. 词汇	42. 律动
11. 集体	24. 语音意识	43. 假装游戏
12. 建立关系	25. 字母知识	51. 自然和物质世界
13. 合作游戏	26. 阅读	
16. 大肌肉运动技能	29. 书写	

* 在幼儿的个体活动中观察上述关键发展指标。

问候时间　　　　　　　　　　　　　　　　　KDIs 12、24、25、26、29

教师 2

在门口迎接幼儿并问好。所有幼儿都到齐后，跟教师 1 一起阅读。

教师 1

挑选十本左右的图书，摊开，摆放在地板上，和幼儿一起读书（提示：这段时间应掌握在 15 分钟之内）。阅读结束时，唱一支简单的过渡歌曲。

公告板

在公告板上画出在一日常规中表示清理时间的图标和一个"？"，问问幼儿，他们是否还记得昨天的清理活动是怎样进行的。幼儿回答后，教师可以进一步确认大家的回答："是的，今天我们还是要进行一个'偷偷摸摸'的清理活动。"

还可以根据需要写一些你自己编的信息。

计划时间　　　　　　　　　　　　　第一组—KDI 2/ 第二组—KDI 2

第一组：拼图

在活动开始之前，挑选一幅幼儿喜欢的木制手抓板拼图。在每一块拼图的背面贴上一张写着幼儿名字及其个性化图标的即时贴。在计划时间里，让一名幼儿取下一块拼图。拼图背面是哪个幼儿的名字，这名幼儿就站出

来分享自己的计划。分享完计划的幼儿可以再取下一块拼图，那片拼图背面写着谁的名字，谁就是下一个分享者。分享完计划的幼儿可以离开，并开始工作。依次重复这个过程，直到所有幼儿都有机会分享自己的计划。

第二组：计划眼镜

活动材料

■ 一副太阳镜或一个没有镜片的旧眼镜框。

告诉幼儿，在今天的计划时间里，他们将戴上一副特别的"计划眼镜"。

让幼儿轮流戴上这副眼镜，看一看在今天的工作时间里，他想做些什么。一名幼儿分享后，他就可以离开去开始自己的工作了。依次重复这个过程，直到所有幼儿都有机会分享完自己的计划。

工作时间　　　　　　　　　　　KDIs 1、12、13、40、43

教师应与幼儿一起活动，并**建议他们向其他幼儿寻求帮助与支持**。这种方式能够使幼儿运用自身的能力去帮助同伴，并了解到他人的长处，将同伴视作有用的资源，学会合作。

清理时间　　　　　　　　　　　　　　　　KDI 11

在活动结束前的十分钟和五分钟，分别对幼儿进行口头提示。问问幼儿是否记得昨天的清理活动是怎么做的，并提醒他们，今天大家还"偷偷摸摸"地去清理。接下来，请幼儿踮着脚尖走路，并轻轻地把玩具放回原处。你也可以加入清理活动，并"偷偷摸摸"进行。

回顾时间　　　　　　　　第一组—KDI 6/ 第二组—KDI 6

第一组：说一说、猜一猜你玩了什么

在回顾时间里，幼儿轮流使用一条围巾或一个帆布袋。第一个开始的幼儿会找一样今天在工作时间使用过的东西，藏在围巾或帆布袋中，并请其他小朋友都闭上眼睛。藏东西的幼儿可以提供一些他今天所做活动的线索，然后让其他幼儿猜一猜他今天都做了些什么。猜过以后，他就可以给大家看他藏起来的东西到底是什么。接着，下一个幼儿重复玩这个游戏。

第二组：滚球

在幼儿都围拢到教师的桌子附近后，请他们跟教师一起走到活动室中间的地板处，并围成一个圈坐下。将球滚向某个幼儿，拿到球的幼儿就可以分享他今天做了什么，然后将球滚给另一名幼儿。继续这个活动，直到所有幼儿都分享了自己做过的工作。

你知道……吗？

学前儿童通过探索材料及其特性来发展数理逻辑思维。按顺序排列物体，即按照一定的层级属性将物品进行排列，也是数理逻辑思维的重要组成部分。我们可以看到，幼儿按照体形从小到大的顺序排序动物图片；按照轮胎从粗糙到平滑的顺序排列玩具汽车；按照颜色从浅到深的顺序排列蜡笔。幼儿还可以自己识别并创建排列模式。如在美术活动中，他们会按照红—蓝—红—蓝的模式在小钉板上放小钉子，或按照大—小—大—小的模式排列即时贴。第 12 天和第 14 天的小组活动为幼儿提供了发展数理逻辑思维的机会。作为教师，你可以使用教学计划中建议的数学语言，从而发展幼儿的数理逻辑思维。在工作时间内，你需要观察、发现幼儿自发的数学游戏，并可对其提供一些数学方面的帮助。

小组活动时间　　第一组—KDIs 23、40/ 第二组—KDIs 22、23、38

第一组：颜料的深与浅

活动材料

为每名幼儿提供如下材料。

■ 装有三种颜料的容器：（1）三原色中的一种（如每名幼儿都有红色颜料，或每名幼儿都有蓝色或黄色颜料）；（2）白色；（3）黑色。

■ 纸和画笔。

■ 颜料搅拌器、勺子和滴管。

活动开始

向幼儿展示颜料，并告诉他们各种颜料的名字，包括白色和黑色。问一问幼儿，如果把白色或黑色加入到三原色中会怎样。然后，教师把白色或黑色倒进三原色中的一种，进行搅拌，鼓励幼儿描述自己所观察到的现象。随后，教师告诉幼儿，他们需要自己去探索把白色或黑色加到红色（或黄色或蓝色）颜料中，会发生什么，并且要使用诸如"浅一点""深一点"等词汇来描述探索的结果。教师给所有幼儿发放绘画材料，并鼓励他们自己去实验，如将颜料直接从一个容器倒入另一个容器中，或用勺子、滴管把颜料混合起来。提示幼儿，可以看看容器里面的颜料发生了什么变化，并建议他们把新创造出来的颜色画在纸上。

活动过程

教师与幼儿一起观察并讨论幼儿看到的变化，注意观察：随着添加的白色越来越多，三原色是如何逐渐变浅的，或者如何通过添加黑色而让颜色越来越深。鼓励幼儿观察同伴混合的颜料，并与自己的进行比较。注意使用表示程度和状态的词汇，如"浅—较浅—非常浅""深—较深—非常深""更浅了""更深了""色度""色调"等。鼓励幼儿在教室里或自己的衣服上寻找不同色调的三原色，并与自己调配出的颜色比较深浅度。

活动结束

教师应与幼儿一起收拾颜料和搅拌工具。如果幼儿想要保留自己的绘画作品，那么教师可以帮他们在画上写下名字并悬挂晾干。区分幼儿衣服或鞋上颜色的色度，并将此作为参与下一个环节的顺序。例如，教师可以说："穿着深蓝色衣服的小朋友可以去洗手了。"接下来，可以让穿着正蓝色（medium blue）衣服的孩子去洗手，然后是穿浅蓝色衣服的小朋友，依次类推。

第二组：睡莲上的青蛙

活动材料

给每个幼儿准备如下材料。

- 两英寸见方的不同颜色的纸。
- 一块毛毡板或小块儿地毯。
- 塑料小青蛙或其他塑料动物玩具。

小贴士：在小组活动中，可以多用一用小篮子、纸餐袋、大酸奶盒、鞋盒等物品，以此为容器来装幼儿人手一套的活动材料。

活动开始

教师先为幼儿讲一个故事，故事里的青蛙跳过不同颜色的莲叶到达池塘对岸。教师可以用毛毡板来做池塘，用彩色纸来做莲叶。教师选择一只小点的塑料青蛙和两种颜色的彩色方形纸，并在毛毡板上将方形纸按照一定规律摆成一条直线，如"红色—黄色—红色—黄色"。当你让青蛙"跳"的时候，请同时念出青蛙落在哪种颜色的纸上。问一问幼儿，他们是否注意到这些莲叶是怎样排列的。教师也可以根据现有的材料或幼儿的独特兴趣将故事里的青蛙换成其他动物。

活动过程

给每名幼儿一盒活动材料，包括彩纸、毛毡板和青蛙。请幼儿自己来讲一讲青蛙和睡莲的故事。教师可以观察幼儿是如何在自己的毛毡板上排列彩纸的。幼儿可能随意地把彩纸摆放在毛毡板上，可能按照颜色将彩纸分类摆放，也可能将彩纸随机摆放成一条直线，还有可能按照某种规律摆放彩纸。**根据你对幼儿的观察做出评论**，例如："你把所有的红色睡莲都放在了一起。""你的青蛙先跳到了黄色睡莲上，再跳到绿色睡莲上，然后又跳到了黄色睡莲上，而后又跳到了绿色睡莲上。那么，接下来你要放什么颜色的睡莲呢？"

活动结束

看一看是否所有幼儿都创建了排列模式或按颜色对彩纸进行了分类。在整理材料之前,问一问幼儿,他们是否愿意跟大家分享一下自己是怎样在池塘里排列睡莲的。认真倾听幼儿如何描述他们的模式。在观察过程中,可以随时记录幼儿的言行。最后,请幼儿把彩纸放回盒子中,将毛毡板整齐码放在桌子中间,并将所有的青蛙放回篮子里。

大组活动时间   KDIs 16、18、42

快慢律动

活动材料

■ 节奏有快有慢的音乐。

第一步

从容易加入的活动开始——齐唱"我们要摇啊、摇啊、摇啊"。当所有幼儿都加入进来后,请大家坐在地板上。告诉幼儿,今天他们要随着音乐来运动,但这些音乐是他们从来都没有听过的。

第二步

播放慢节奏的音乐,请幼儿随着音乐舞动他们的小手。这时,教师可以使用一些与时间、速度有关的词汇,如"慢""缓慢""不快"等。这样,当教师对幼儿的舞动小手的动作进行评论、回应或模仿时,就能够拓展幼儿的词汇量。而后再播放快节奏的音乐,并重复上述活动。

第三步

教师不断播放快、慢节奏的音乐,并跟幼儿一起动起来,提醒幼儿注意节奏的变化。如果需要,教师可以说:"咦,节奏变了。"或"听——现在不一样了吗?"

第四步

音乐结束后,请幼儿自己选择要迅速地还是缓慢地扭动身体,进入下一个活动。

其他   活动时间—KDIs 12、51/ 餐间谈话—KDIs 12、22、23

户外活动时间

在户外活动中跟幼儿一起玩时,教师应尽量找一些自然的机会,将某些事物或材料与其特性相结合。例如,如果看到了一根木棍,就可以把它与木材联系起来,也可以把它跟登山者使用的木制拐杖联系起来。或者当你注意到三轮车上的钢圈,就可以将它和秋千上的钢管联系起来。

餐间谈话

跟幼儿聊一聊他们在户外而非室内发现的东西,如秋千、雨、树、车、鸟等。幼儿也许会分享他们最喜欢用上述物品做些什么，这样谈话就能继续下去并不断拓展，这就太好了！教师应重复或强调幼儿分享的内容，并鼓励他们的想法。例如，教师可以说："你妈妈有一辆蓝色的货车，但爸爸的小汽车却是黑色的。""因为下雨不能去玩秋千，你有些失望。"

家园联系

与幼儿的家庭成员分享下述理念。

为孩子播放你（家长）所喜欢的音乐。你可以和孩子一起跳舞或律动，好好享受这一美妙的时刻吧！

观察

记录你所观察到的幼儿言行。你可以复制附录中的表格来做记录。

后续工作

写下自己关于后续工作的思考，并复制附录中的表格进行记录。

第 13 天

问候时间　　　　　　　　　　　　　　KDIs 12、24、25、26、29

教师 1

在门口迎接幼儿并问好。当所有幼儿都到齐后，跟教师 2 一起阅读。

教师 2

挑选十本左右的图书，摊开，摆放在地板上。和幼儿一起读书（提示：这段时间应掌握在 15 分钟之内）。阅读结束时，唱一支简单的过渡歌曲。

公告板

在公告板上画出一日常规中表示清理时间的图标，在旁边写上"清理"两个字和一个"？"，同时在这条信息旁边贴上几张区域卡片。教师需要帮助幼儿阅读并理解这些信息，即在清理时间里，所有人都要合作清理某一个区域，当教师抽出某一个区域卡片时，幼儿就一起去清理这个区域。

拿出活动室歌曲集，上面粘着三张即时贴，每张即时贴上写着一个幼儿的名字及其个性化图标。帮助幼儿阅读这一信息并理解其含义，即这三名幼儿将有权利选择歌曲并在大组活动时间演唱，他们可以将写着自己名字的即时贴贴在自己要演唱的歌曲卡片上。注意：这个策略将使幼儿有更多的时间浏览活动室歌曲集，并从中选择要唱的歌曲，而不用在大组活动中占用全班的时间来等他们选择。如果有幼儿忘了提前选择歌曲也没关系，可以在大组活动时间里再选。

| 计划时间 | 第一组—KDI 2/ 第二组—KDI 2 |

第一组：呼啦圈

在做计划的老地点集合。告诉幼儿，今天大家将在地板上进行活动计划。围成一个圈坐好后，每个幼儿都抓住呼啦圈的一段，这个呼啦圈的某处粘着一圈彩色胶带。幼儿一起唱一首短小的歌曲，并共同转动呼啦圈。歌曲结束时，停止转动呼啦圈。这时，离彩色胶带最近的幼儿就有机会分享自己的计划了。他分享结束后，就可以离开并开始自己的工作了。以下是一首可以齐唱的歌曲，名字是《玛丽有一只小羊羔》，歌词如下。

现在开始来分享，

来分享，来分享。

现在开始来分享，

今天你要做什么？

第二组：火车与轨道

活动开始前，在活动室里铺设一条简单的椭圆形火车轨道。在轨道的周围放上代表区域的卡片。在计划时间里，幼儿可以顺着轨道开动火车，并停在他们想去的那一"站"（即愿意去工作的区域）。**教师可以通过提问拓展幼儿的思维**，如问一问他们今天想和谁一起工作，或是他们准备用哪些材料。幼儿制订了计划以后，就可以去相应的区域开始活动了。重复这一过程，直到本小组所有幼儿都选定了活动区域。

| 工作时间 | KDIs 1、12、13、40、43 |

教师应像同伴一样，与幼儿一起活动，并**建议幼儿向同伴寻求帮助与支持**。这种方式能够使幼儿运用自身能力为同伴提供帮助，认识到彼此的长处，将同伴看作有价值的资源并学会合作。你可以这样对幼儿说："我想亨利（Henry）知道怎么玩这个电脑游戏。你可以问问他是怎么玩的。""我看见安娜昨天在搭积木。要不要请她帮我们一起来搭？""埃莉（Ellie）喜欢扮演宝宝，你有没有问过她是否愿意跟你一起玩儿？"

| 清理时间 | KDI 11 |

在活动结束前的十分钟和五分钟分别对幼儿进行口头提示。在开始清理之前，告诉幼儿："今天，我们要一个区一个区地清理。"接下来，从袋子里拿出一张区域卡片，所有幼儿就可以一起清理这个区域。清理完这个区域后，再拿出另一张卡片，依次类推，直到所有区域都被清理好。

回顾时间   第一组—KDIs 6、46/ 第二组—KDI 6

第一组：珠子配对

活动材料

■ 一串彩色珠子。

■ 一布袋珠子，颜色与上面彩色串珠相同。

向幼儿展示那串彩珠。请幼儿伸手到布袋里拿出一颗珠子，告诉孩子，如果他拿出的珠子和他正握着的串珠颜色一样，那么他就可以分享自己今天在工作时间做了什么了。

第二组：回顾电视机（Recall TV Set）

提前在一个大纸箱的顶部正中间挖出一个大洞，大概有 A4 打印纸那么大，并在纸箱适当位置画几个简单的按钮，这样，一台"回顾电视机"就做好了。每次由一名幼儿将这个盒子拿到自己前面，这样大家就能透过那个洞看到幼儿的脸了——就像他在电视画面里一样。请这个幼儿分享一下自己在工作时间都做了些什么，然后再将电视机传给下一名幼儿。如果你能带一个遥控器来就更有趣了！这样就能问问幼儿他们在收看哪个频道，等等。

小组活动时间   第一组—KDIs 31、32、33、34/ 第二组—KDIs 31、32、33

第一组：数字加活动案例

数字加活动 10：数数比萨上的图形

请幼儿数一数玩具橡皮泥比萨上的不同图形，并描述这些图形的特点。（详见第 7 章的完整活动）

第二组：数字加活动案例

数感与运算活动 2：坐小船的小熊

幼儿通过增加或减少一块"乘船的"积木来数一数小熊（或其他小物体）的数量。（详见第 7 章的完整活动）

大组活动时间   KDI 41

唱歌

活动材料

■ 活动室歌曲集。

第一步

唱上周的"我们要摇啊、摇啊、摇啊"这首歌。当所有幼儿都加入进来时再唱一段，结束时所有人都坐在地板上。

第二步

拿出活动室歌曲集，里面有三张即时贴，每张即时贴上都写着一名幼儿的名字及个性化图标。让幼儿知道，今天是这三个人来选择歌曲。当这三名幼儿选择歌曲时，教师和其他幼儿一起有节奏地用手拍打膝盖，并说："我想知道他们要选什么，我想知道他们要选什么。"接下来，教师和幼儿一起唱那三个人挑选的歌曲，同时要将其他幼儿创编的歌词唱到歌曲里。

第三步

请幼儿踮起脚尖，轻轻地进入下一项活动。

其他　　　　户外活动时间—KDI 12/ 餐间谈话—KDIs 6、12

户外活动时间

教师应同幼儿一起游戏、互动，并继续建议幼儿向其他同伴寻求帮助与支持。可以参考今天的"工作时间"，里面有更多促进同伴交往的策略。

餐间谈话

用餐时，请幼儿听一听周围的声音。幼儿或许会注意到其他小组谈话的声音、咀嚼的声音、有人走在大厅里的声音、时钟的嘀嗒声、电话铃声、飞机飞过的声音，以及窗外的鸟鸣，等等。跟幼儿讨论他们听到的各种声音。

家园联系

为家长提供一份记录简单童谣的表单，并与家长分享下述理念。

跟孩子一起分享这些童谣或你（家长）小时候唱过的歌谣，这是一件多么有趣的事情啊！

观察

记录你所观察到的幼儿言行。你可以复制附录中的表格来做记录。

后续工作

写下自己关于后续工作的思考，并复制附录中的表格进行记录。

第 14 天

课程内容——关键发展指标（KIDs）*		
1. 主动性	21. 理解	29. 书写
2. 计划性	22. 表达	38. 模式
6. 反思	23. 词汇	40. 视觉艺术
11. 集体	24. 语音意识	42. 律动
12. 建立关系	25. 字母知识	43. 假装游戏
13. 合作游戏	26. 阅读	45. 观察
16. 大肌肉运动技能		

* 在幼儿的个体活动中观察上述关键发展指标。

问候时间   KDIs 12、24、25、26、29

教师 2

在门口迎接幼儿并问好。当所有幼儿都到园后，跟教师 1 一起阅读。

教师 1

挑选十本左右的图书，摊开，摆放在地板上，和幼儿一起读书（提示：这段时间应掌握在 15 分钟之内）。阅读结束时，唱一支简单的过渡歌曲。

公告板

在公告板上画出一日常规中表示清理时间的图标，在旁边写上"清理"两个字和一个"？"，同时在这条信息旁边贴上几张区域卡片。教师需要帮助幼儿阅读并理解这些信息，即在清理时间里，所有人都要合作清理某一个区域，当教师抽出某一个区域的卡片时，幼儿就一起去清理这个区域。

编写你认为需要让幼儿了解的信息。

计划时间   第一组—KDI 2/ 第二组—KDI 2

第一组：手电筒

每次让一名幼儿拿着手电筒照一照他今天想在工作时间玩的物品。教师可以对幼儿的计划做出**点评**，并提出一些**开放性**的问题，以帮助幼儿拓展思维。例如，你可以说："我看到你的光照到了积木区——你今天要去那儿做些什么呢？你想要使用哪些材料呢？"分享之后，这名幼儿就可以把手电筒传递给下一个人，并开始他今天的工作。重复这一过程，直到所有幼儿都分享了自己的计划。

第二组：录音机

为幼儿提供一台录音机，这样每名幼儿都能录下自己今天的工作计划。教师可以通过提问拓展幼儿的思维，如："今天你要和谁一起工作？"或"今天你会使用什么材料？"请将磁带保留下来，用在回顾时间。完成录音的幼儿就可以开始自己今天的活动了。

工作时间	KDIs 1、12、13、21、23、40、43

专心与幼儿交谈。同时尊重幼儿在谈话中的主导权。当教师安静、积极、有耐心地倾听幼儿的谈话并对接下来的谈话表现出浓厚的兴趣时，幼儿会更直接、顺畅地与成人交流，或开始主动向前推进谈话。

清理时间	KDI 11

在活动结束前的十分钟和五分钟，分别对幼儿进行口头提示。在开始清理之前，告诉幼儿："今天，我们要一个区一个区地清理。"接下来，从袋子里拿出一张区域卡片，所有幼儿就可以一起去清理这个区域了。清理完这个区域后，再拿出另一张卡片，依次类推，直到所有区域都被清理好。

回顾时间	第一组—KDI 6/ 第二组—KDI 6

第一组：区域卡片与晾衣夹

活动材料

- 写有幼儿名字及其个性化图标的卡片。
- 晾衣夹。
- 区域卡片。

每次向幼儿出示一张写有一名幼儿名字及其个性化图标的卡片，问一问幼儿"这是谁"。他们回答后，将这张卡片和晾衣夹交给那名幼儿，并请他把自己的名卡用晾衣夹夹在刚才玩过的区域卡片上。请幼儿告诉教师，刚才他在这个区域里都做了些什么。接着，教师可以把这名幼儿的描述转述给全体幼儿，这样所有幼儿就都会注意到有些区域是很多幼儿都玩过的，而有些区域只有少数人会选择。有些幼儿为了弄清楚数量，还会数一数区域卡片上的夹子数目。

第二组：倾听我们的计划

大家一起听一听在计划时间里录下的活动计划。每听完一个幼儿的计划后，问问幼儿是否能听出这是谁的声音。问一问做计划的幼儿，他是否真的完成了计划，还是改变了计划。对于幼儿的回答不要做判断。教师应允许幼儿改变原有计划，或回顾一些计划之外的内容。重复这一过程，直到所有幼儿都听到了自己的录音并回顾了自己的活动经历。

小组活动时间　　第一组—KDIs 22、23、38/ 第二组—KDIs 23、40、45

第一组：睡莲上的青蛙

活动材料

给每个幼儿准备如下材料。

■ 两英寸见方的不同颜色的纸。

■ 一块毛毡板或小块儿地毯。

■ 塑料小青蛙或其他塑料动物玩具。

活动开始

教师先为幼儿讲一个故事，故事里的青蛙跳过不同颜色的莲叶到达池塘对岸。教师可以用毛毡板来做池塘，用彩色纸来莲叶。教师选择一只小一点的塑料青蛙和两种颜色的彩色方形纸，并在毛毡板上将方形纸按照一定的规律摆成一条直线，如"红色—黄色—红色—黄色"。当你让青蛙"跳"的时候，请同时念出青蛙落在哪种颜色的纸上。问一问幼儿，他们是否注意到这些莲叶是怎样排列的。教师也可以根据现有的材料或幼儿的独特兴趣将故事里的青蛙换成其他动物。

活动过程

给每名幼儿一盒活动材料，包括彩纸、毛毡板和青蛙。请幼儿自己来讲一讲青蛙和睡莲的故事。教师可以观察幼儿是如何在自己的毛毡板上排列彩纸

的。幼儿可能随意地把彩纸摆放在毛毡板上，可以按照颜色将彩纸分类摆放，也可以将彩纸随机摆放成一条直线，还可以按照某种规律摆放彩纸。**根据你对幼儿的观察做出评论**，例如："你把所有的红色睡莲都放在了一起。""你的青蛙先跳到了黄色睡莲上，再跳到了绿色睡莲上，然后又跳到了黄色睡莲上，而后又跳到绿色睡莲上。那么，接下来你要放什么颜色的睡莲呢？"

活动结束

看一看是否所有幼儿都创建了排列模式或按颜色对彩纸进行了分类。在整理材料之前，问一问幼儿，他们是否愿意跟大家分享一下自己是怎样在池塘里排列睡莲的。认真倾听幼儿如何描述他们的模式。在观察过程中，可以随时记录幼儿的言行。最后，请幼儿把彩纸放回盒子中，将毛毡板整齐码放在桌子中间，并将所有的青蛙放回篮子里。

第二组：颜料的深与浅

活动材料

为每名幼儿提供如下材料。

■ 装有三种颜料的容器：（1）三原色中的一种（如每名幼儿都有红色颜料，或每名幼儿都有蓝色或黄色颜料）；（2）白色；

（3）黑色。

■ 纸和画笔。

■ 颜料搅拌器、勺子和滴管。

活动开始

向幼儿展示颜料，并告诉他们各种颜料的名字，包括白色和黑色。问一问幼儿，如果把白色或黑色加入三原色中会怎样。然后，教师把白色或黑色倒进三原色中的一种，进行搅拌，鼓励幼儿描述自己所观察到的现象。随后，教师告诉幼儿，他们需要自己去探索把白色或黑色加到红色（或黄色或蓝色）颜料中，会发生什么，并且要使用诸如"浅一点""深一点"等词汇来描述探索的结果。教师给所有幼儿发放绘画材料，并鼓励他们自己去实验，如将颜料直接从一个容器倒入另一个容器中，或用勺子、滴管把颜料混合起来。提示幼儿，可以看看容器里面的颜料发生了什么变化，并建议他们把新创造出来的颜色画在纸上。

活动过程

教师与幼儿一起**观察并讨论**幼儿看到的变化，注意观察：随着添加的白色越来越多，三原色是如何逐渐变浅的，或者如何通过添加黑色而让颜色越来越深。鼓励幼儿观察同伴混合的颜料，并与自己的进行比较。注意使用表示程度和状态的词汇，如"浅一较浅一非常浅""深一较深一非常深""更浅了""更深了""色度""色调"等。鼓励幼儿在教室里或自己的衣服上寻找不同色调的三原色，并与自己调配出的颜色比较深浅度。

活动结束

教师应与幼儿一起收拾颜料和搅拌工具。如果幼儿想要保留自己的绘画作品，那么教师可以帮他们在画上写下名字并悬挂晾干。区分幼儿衣服或鞋上颜色的色度，并将此作为参与下一个环节的顺序。例如，教师可以说："穿着深蓝色衣服的小朋友可以去洗手了。"接下来，可以让穿着正蓝色衣服的孩子去洗手，然后是穿浅蓝色衣服的小朋友，依次类推。

大组活动时间　　　　　　　　　　　　　　　　**KDIs 16、42**

雕像音乐

活动材料

■ 关于某个雕像的照片、绘画或图片（如果条件允许，可选择附近公园里的雕像，这样幼儿会更熟悉并可以亲自去看看）。

■ 没有歌词的音乐。

第一步

齐唱歌曲"我们要摇啊、摇啊、摇啊"，直到每个幼儿都参与到活动中来，然后再唱一段，结束时所有人都坐在地板上。

第二步

问一问幼儿，他们有没有见过雕像。教师拿出一张附近公园里的雕像的照片，并展示给幼儿。告诉幼儿，他们可以用力绷紧身上的肌肉并保持住，这样自己就能成为一座雕像。请幼儿全体起立，并跟老师一起做个雕像的造型。接着，可以问问幼儿，他们是否能够用某种方式改变雕像的姿势，如抬起一条腿，朝另一个方向移动手臂等。告诉幼儿，你将播放一些雕像音乐（没有歌词的音乐），当音乐开始时，幼儿可以按照自己的想法活动或跳舞；当音乐结束时，他们就必须变成一座雕像。教师可以随时播放并暂停音乐，并跟着幼儿一起舞动或成为雕像。

第三步

告诉幼儿，下一次音乐结束后，他们要变成一座雕像，然后就可以进入下一项活动了。

其他　　　　　　户外活动时间—KDI 12/ 餐间谈话—KDIs 12、22、23

户外活动时间

教师应与幼儿一起游戏、互动，并练习你在工作时间里曾使用过的那些互动策略。

餐间谈话

在吃饭的过程中，跟幼儿一起玩"视觉大发现"游戏，这个游戏主要关注颜色。教师可以从桌上现有的东西开始，例如"我发现了红色"，然后再去发现远处的物品。在幼儿思考答案时，可以给他们一些暗示。例如："这是一个红色的东西，它在玩具区里，在电脑的旁边——对——就是那个红色的夹子"。如果幼儿喜欢这个游戏，他们可以轮流当游戏的出题人并给出线索。

观察

记录你所观察到的幼儿言行。你可以复制附录中的表格来做记录。

后续工作

写下自己关于后续工作的思考，并复制附录中的表格进行记录。

第 15 天

* 在幼儿的个体活动中观察上述关键发展指标。

问候时间   KDIs 12、24、25、26、29、57

教师 1

在门口迎接幼儿并问好。当所有幼儿都到齐后，跟教师 2 一起阅读。

教师 2

挑选十本左右的图书，摊开，摆放在地板上。和幼儿一起读书（提示：这段时间应掌握在 15 分钟之内）。阅读结束时，唱一支简单的过渡歌曲。

公告板

在公告板上画出一日常规中表示清理时间的图标，在旁边写上"清理"两字和一个"？"，同时在这条信息旁贴上几张区域卡片。教师需要帮助幼儿阅读并理解这些信息，即在清理时间里，所有人都要合作清理某一个区域。

在公告板上粘贴两个"不上学日"图标，并向幼儿解释"不上学日"图标的意思，提醒他们，这两天他们都会和家人在一起，过了这两个"不上学日"，他们才重返幼儿园。

计划时间   第一组—KDI 2／第二组—KDI 2

第一组：火车与轨道

活动开始前，在活动室里铺设一条简单的椭圆形火车轨道。在轨道的周围放上代表区域的卡片。在计划时间里，幼儿可以顺着轨道开动火车，并停在他们想去的那一"站"（即愿意去工作的区域）。**教师可以通过提问拓展幼儿的思维**，如问一问他们今天想和谁一起工作，或是准备用哪些材料。幼儿制订了计划以后，就可以去相应的区域活动了。重复这一过程，直到本小组所有幼儿都选定了活动区域。

第二组：呼啦圈

在做计划的老地点集合。告诉幼儿，今天大家将在地板上进行活动计划。围成一个圈坐好后，每个幼儿都抓住呼啦圈的一段，这个呼啦圈的某处粘着一圈彩色胶带。幼儿一起唱一首短小的歌曲，并共同转动呼啦圈。歌曲结束时，停止转动呼啦圈。这时，离彩色胶带最近的幼儿就有机会分享自己的计划了。他分享结束后，就可以离开并开始自己的工作了。以下是一首可以齐唱的歌曲，名字是《玛丽有一只小羊羔》，歌词如下。

> 现在开始来分享，
> 来分享，来分享。
> 现在开始来分享，
> 今天你要做什么？

工作时间   KDIs 1、12、13、21、22、23、40、43

专心与幼儿交谈。同时尊重幼儿在谈话中的主导权。当教师安静、积极、有耐心地倾听幼儿谈话并对接下来的谈话表现出浓厚的兴趣时，幼儿会更直接、顺畅地与成人交流，或开始主动向前推进谈话。

清理时间   KDI 11

在活动结束前的十分钟和五分钟，分别对幼儿进行口头提示。开始清理之前，告诉幼儿："今天，我们要一个区一个区地清理。"接下来，从袋子里拿出一张区域卡片，所有幼儿就可以一起去清理这个区域。当这个区域清理完毕后，再拿出另一张卡片，依次类推，直到所有区域都清理好。

回顾时间   第一组—KDI 6/ 第二组—KDIs 6、22

第一组：回顾电视机

提前在一个大纸箱的顶部正中间挖出一个大洞，大概有 A4 打印纸那么大，并在纸箱适当位置画几个简单的按钮，这样一台"回顾电视机"就做好了！每次由一名幼儿将这个盒子拿到自己前面，这样大家就能透过那个洞看到这名幼儿的脸了——就像他在电视画面里一样。请这名幼儿分享自己在工作时间都做了些什么，然后再将电视机传给下一个幼儿。如果你能带一个遥控器来就更有趣了！这样就能问问幼儿，他们在收看哪个频道，等等。

第二组：珠子配对

活动材料

■ 一串彩色珠子。

■ 一布袋珠子，颜色与上面彩色串珠相同。

向幼儿展示那串彩珠。请幼儿伸手到布袋里拿出一颗珠子，告诉他如果拿出的珠子与他正握着的串珠颜色一样，那么他就可以分享自己今天在工作时间做的事了。

小组活动时间   **第一组—KDIs 34、35/第二组—KDI 34**

第一组：数字加活动案例

几何活动 14：花式积木小怪兽

幼儿用花式积木拼搭想象出来的小怪兽，说一说他们用到的图形的名称与特征，以及他们是如何把这些积木拼在一起，又是如何把它们分开的。

（详见第 7 章的完整活动）

第二组：数字加活动案例

几何活动 10：制作图形

幼儿以用硬卡纸做成的图形为模板，把橡皮泥切成不同的形状。（详见第 7 章的完整活动）

大组活动时间   **KDIs 16、18、42**

无声动作——视觉加工

活动材料

■ 活动室歌曲集（如想要进一步了解为什么视觉加工对幼儿发展非常重要，参见第 4 章"第 19 天"的相关内容）。

第一步

齐唱"我们要摇啊、摇啊、摇啊"这首歌。当所有幼儿都加入进来后，再唱一段，结束时所有人都坐在地板上。教师拿出活动室歌曲集，里面有两张即时贴，每张即时贴上写着一个幼儿的名字及其个性化图标。告诉幼儿，今天由他们俩来选择一首歌曲。当这两名幼儿选歌时，教师和其他幼儿一起有节奏地用手掌拍打膝盖，并

说："我想知道他们要选什么，我想知道他们要选什么。"然后将歌曲集放在一边。

第二步

与在场的几名幼儿进行直接的目光交流，并用动作示意他们"看着我"（教师可以用口型或悄声说出这三个字，或先指一下自己的眼睛，然后再指一下自己的方式让幼儿明白）。接下来，教师开始做一些无声动作，直到所有幼儿都开始模仿你的动作。以下是一些可以尝试的无声动作。

■ 将两只手臂举过头顶，当所有幼儿都跟着这样做以后，即可停止。

■ 将一只手放在膝盖上，当所有

幼儿都跟着这样做以后，即可停止。

- 将另外一只手放在膝盖上，当所有幼儿都跟着这样做以后，即可停止。
- 用手指从膝盖"爬"到脚尖，当所有幼儿都跟着这样做以后，即可停止。
- 将一只手放在肚子上，当所有幼儿都跟着这样做以后，即可停止。
- 将为一只手放在肚子上，当所有幼儿都跟着做以后，即可停止。
- 弯曲一个膝盖，当所有幼儿都

跟着这样做以后，即可停止。

- 弯曲另一个膝盖，当所有幼儿都跟着这样做以后，即可停止。

一直这样做下去，当所有标志性动作结束后，停顿一会儿。如果还有时间，你可以再找一名幼儿来带领这个活动，每个动作之后都要停一会儿，好让其他幼儿能跟上他的动作并模仿出来。尽量让更多幼儿成为带领者。

第三步

当集体活动快要结束时，让幼儿做完最后一组动作。然后，教师不说话，而是示范并带领幼儿进入下一个活动环节。

其他　　　　户外活动时间—KDIs 12、45/ 餐间谈话—KDIs 6、12

户外活动时间

当你跟幼儿一起游戏、互动时，可以考虑在户外玩"视觉大发现"游戏。例如，在沙坑里挖沙子时，你可以用幼儿容易看得见的物体来开始这个游戏，如"我发现了一个黄色的东西"，然后再发现一些远处的物品。在幼儿思考答案的时候，可以给他们一些提示。例如："这是一个黄色的东西，你可以用它来挖东西，它就在艾娃（Ava）的脚边——对——就是那把铲子"。如果幼儿喜欢玩这个游戏，他们可以轮流当游戏的出题者并给出线索。

餐间谈话

幼儿吃饭时，跟他们一起讨论他们喜欢的故事。这些故事既可以是书上的，也可以是他们听过的。请幼儿回忆一下这些故事，说一说故事中有哪些角色以及他们都做了些什么。

家园联系

与幼儿家长分享以下理念。

睡觉时间快到时，请让孩子当一下"领导者"。你可以告诉他，今天由他决定你们如何走到床上去，并按照孩子的方式去做。他也许想要挥着手过去，左右摇摆着过去，或者像行军一样走过去。家长可以说："今天你是领导者，我跟着你走。"

观察

记录你所观察到的幼儿的言行。

你可以复制附录中的表格来做记录。

 后续工作

- 你可以将无声动作（参见第3章"第15天"的"大组活动时间"）作为一个吸引幼儿注意力的过渡活动，例如，当他们在用餐前轮流洗手时，或在等待其他人一起开始小组活动或大组活动时，可以进行无声活动。

- 将方毯添加到活动室的活动材料中。
- 写下自己关于后续工作的思考，并复制附录中的表格进行记录。

建立在所学基础上的第 3 周总结

本周你在本班活动室开展了如下工作。

- 每位教师每天至少完成了三篇幼儿观察记录。
- 基于对幼儿的观察记录，已将自编信息写在了公告板上。
- 大组活动中，继续让幼儿在活动室歌曲集中选择歌曲，以这种方式鼓励幼儿做出选择。
- 在小组活动中融入了语言与读写、数学。
- 在大组活动中融入律动和音乐、语言与读写、数学。
- 在户外活动时，将科学语言和思维融入师幼互动。

幼儿在以下方面得到了重点支持和帮助。

- 继续与活动室中的成人和其他幼儿建立关系。
- 表达自己的计划、选择和意图。
- 参与那些能够支持其发展的课程活动，包括以下方面。

  学习品质

  社会性和情感发展

  身体发展和健康

  语言、读写和交流

  数学

  创造性艺术

  科学和技术

  社会学习

通过运用如下高瞻课程互动策略，你的师幼互动技能得以发展。（加黑部分是本周使用到的一些新策略）

- 为幼儿提供安慰与交流。
  - □ 寻找需要安慰与交流的幼儿。
  - □ 为幼儿提供其喜爱的肢体交流方式。
  - □ 为幼儿提供简单的认可。
  - □ 肯定幼儿的感受。
- 参与幼儿的游戏。
  - □ 参与游戏并跟幼儿处于同一水平。
  - □ 与幼儿一起进行平行游戏。
  - □ 利用对幼儿活动的观察和评论，作为加入幼儿活动的开场。
  - □ 寻找一种自然的开场方式，加入幼儿活动。

    ——参加幼儿游戏前，先确定活动类型，如探索性游戏、角色扮演游戏、建构游戏或规则游戏。
  - □ 由幼儿掌控活动进程，教师仅是参与者。
- **与儿童交谈。**
  - □ **寻找自然的谈话时机。**
  - □ **对幼儿发起的谈话予以积极回应。**
- **鼓励幼儿解决问题。**
  - □ **请幼儿向同伴寻求帮助。**

了解观察记录

对幼儿的观察记录（也称为逸事记录）对于了解他们的发展和兴趣来说，是非常有价值的。这些观察记录能够帮助教师了解课堂活动和材料是如何支撑幼儿成长的，并且它们在分享给幼儿家长时也非常实用。

收集观察记录也是高瞻教师的一项重要工作，它能够帮助教师将自己的教育实践与幼儿的需求、兴趣联系起来。有时教师或许会认为，要记录对幼儿的观察就必须退出幼儿的活动。这是不对的！当你在与幼儿互动时，或者在支持他们的游戏与学习时，你同样可以简单写几句话来记录下幼儿的一些特别的言行。以下是一些简单的策略，它可以帮助你学会观察。

- 使用缩略词，如幼儿名字的缩写，用 HA 代表娃娃家、SGT 代表小组活动时间。
- 预备多种记录材料放在触手可及的地方，如便签本、即时贴、索引卡、带有在线 COR 系统的电子设备或其他你和你的同事会使用到的工具。
- 在记录观察结果时，尽量做到客观。注意记录幼儿的言行，记录客观事实及那些特殊的现象。

你会发现如下记录模式非常有用。

活动开始

记录观察日期，写下发生的时间（如逸事是在一日常规中的哪个环节中发生的），发生的地点（即活动室中的具体区域）。例如，"2 月 15 日，工作时间，积木区"。

活动过程

记下幼儿的言行，准确引用幼儿的原话。

活动结束

如果可以，说明事件的结果。

标出在你的观察中使用了哪些学前儿童观察评价系统（COR）中的项目将非常有用。

如需了解更多关于观察记录的信息，参见本书引言中的相关介绍。

第 4 章
第 4 周

准备工作：第4周概览
第4周目标
- 每位教师每天至少完成四篇幼儿观察记录。
- 采用问题解决的策略与技巧来解决活动室中发生的冲突。

本周要牢记的事项
- 一定要提前阅读活动计划，以便在活动开始前准备好所需的各种材料。
- 继续将歌曲卡添加到活动室歌曲集中。使用签到表和过渡歌曲，根据儿童观察记录，并根据你对幼儿的观察及你的想法来丰富公告板信息。
- 参见第4章"了解更多关于化解冲突的问题解决法"。

一日常规
- 准备一个内页折叠的大本，每张纸记录一名幼儿，用于第19天和第20天的回顾时间。详细介绍参见上述两天的"回顾时间"。
- 周五，将"不上学日"图标粘贴在公告板上，并向儿童解释"不上学日"图标的含义，提醒他们待在家里休息两天后再重返幼儿园。

幼儿离园后要做的工作
- 记录你对幼儿的观察结果，并简要写下关于后续工作的想法。
- 阅读第二天的课程计划，做好幼儿入园前的准备工作。

本周提示				
星期一 （第 16 天）	**星期二** （第 17 天）	**星期三** （第 18 天）	**星期四** （第 19 天）	**星期五** （第 20 天）
第一组：小组活动时间使用的名字及个性化图标转盘 家长通知单：代替涂色书的白纸	第二组：小组活动时间使用的名字及个性化图标转盘 大组活动时间使用的标有"玛菲特（Muffet）"和"蜘蛛"（Spider）的名牌	增加户外活动材料：大轮胎和小球	第二组：回顾本家长通知单：供孩子玩的铝箔纸	第一组：回顾本家长通知单：吹泡泡

第 16 天

* 在幼儿的个体活动中观察上述关键发展指标。

问候时间   KDIs 12、24、25、26、29

教师 2

在门口迎接幼儿并问好。所有幼儿都到齐后，与教师 1 一起阅读。

教师 1

挑选十本左右的图书，摊开，摆放在地板上，和幼儿一起读书（提示：这段时间应掌握在 15 分钟之内）。阅读结束时，唱一支简单的过渡歌曲。

公告板

在公告板上画出清理时间的图标，并写上"清理"字样，将《老麦克唐纳有个农场》的歌曲卡贴在公告板上，写上"3？""4？""5？""6？"，并告诉幼儿，在清理时间会做一个猜谜游戏，游戏的名字是"唱几段歌曲才能清理干净"（How Many Songs will It Take to Clean Up），相关的具体描述参见第 4 章的"清理时间"。

还可以根据需要写一些你自己需要告知幼儿的信息。

计划时间   第一组—KDI 2/ 第二组—KDI 2

第一组：名字及个性化图标转盘

提前从一张硬纸板上剪下一个大圆盘，根据幼儿人数，将圆盘分成若干部分。然后把每个幼儿的名字及个性化图标依次粘贴在圆盘的各个扇形部分里，用一根大头针从圆盘的中心穿过，再做一个箭头套在大头针上，并将其固定。转动圆盘，当圆盘停下来时，箭头指向谁的名字，就轮到谁说出自己的计划。

第二组：西蒙（Simon）说

在活动室里进行"西蒙说"游戏，让幼儿说说自己的计划。例如，你可以说："西蒙说，如果你今天要玩积木，就请把手放在自己的鼻子上。"然后让那些想要玩积木的幼儿把手放在鼻子上，并让他们说出自己接下来想要做的事情。当这群幼儿离开去玩积木时，继续这个游戏："西蒙说，如果你今天想要玩过家家，就把手放在你的小肚子上。"重复这个过程，直到所有幼儿都分享了自己的计划。

工作时间　　　　　　　　KDIs 1、12、13、21、22、23、40、43

继续像朋友一样和幼儿交谈。当你和幼儿交谈时，请注意以下几点。

- 要谈论幼儿感兴趣的话题。
- 做出评论（而不是提出一堆问题），这样可以让幼儿继续说下去，不用因为要回答问题而感到压力。
- 在幼儿没有反馈之前，不要转换到下一个话题。
- 评论要简单扼要。
- 如果幼儿不想在此时和你交谈，请尊重他的意见。你可以跟其他真正需要你支持的幼儿聊一聊。

清理时间　　　　　　　　　　　　　　　KDI 11

按照惯例，在活动结束前的十分钟和五分钟分别对幼儿进行口头提示。告诉幼儿，今天的清理时间要进行一个猜谜游戏，游戏的名字叫"唱几段歌曲才能清理干净"。向幼儿介绍，大家在清理时间里要一起唱《老麦克唐纳有个农场》这首歌，清理活动结束后，看谁能说出我们一共唱了多少段歌曲。你还可以告诉幼儿："老麦克唐纳的农场里有很多可爱的小动物，看看我们在完成清理工作时会唱到多少动物呢？"

回顾时间　　　　　　　　　第一组—KDI 6/ 第二组—KDI 6

第一组：回顾汤

告诉幼儿，今天要一起来做一份"回顾汤"。在桌上放一个大锅（也可以用桶替代），每个幼儿拿一样今天玩过的玩具（拿一个小件的就可以），先跟大家介绍自己今天玩过的玩具，然后把它放到锅里，并开始"搅拌"。重复这个过程，让每个幼儿都参与其中。最后，你可以带领幼儿一起回顾刚刚放进"汤"里的"配料"。

第二组：椅子和即时贴

事先在即时贴上画出活动室中不同区域的符号。在回顾时间，让幼儿帮你把椅子排成一排。然后把即时贴粘在每把椅子的背面。让大家都坐在地板上，邀请其中一名幼儿去坐到贴有他玩过的区域标志的椅子上，然后跟大家分享自己今天玩过的内容。这样依次轮流介绍，直到所有幼儿都坐到了对应的椅子上。

小组活动时间　　第一组—KDIs 36、45、47、48、49、51/第二组—KDIs 4、23、35

第一组：汽车穿隧道

活动材料

为每个幼儿准备如下材料。

■ 包装纸筒或厨房用纸纸筒，有完整的，也有半截长度的，确保每名幼儿手里都有一长一短两个纸筒，当作隧道。

■ 每名幼儿至少有两辆火柴盒玩具汽车。

活动开始

向幼儿展示一长一短两个纸筒，并鼓励他们去探索和描述纸筒。如果没有人提到它们长度不同，教师就要向幼儿指出这一点。然后，教师把小汽车发给幼儿，告诉他们，小汽车大小正适合这两个纸筒。让幼儿动手尝试把小汽车放进纸筒里。你可以问幼儿，你想知道小汽车需要多久才能穿过两个不同的纸筒。将两个不同长度的纸筒摆放在同一处，然后稍微抬高同一端，把小汽车放进两个纸筒内，汽车分别从另一端滑出。在这个过程中，提醒幼儿注意观察哪个纸筒里的小汽车最先滑出来，哪辆小汽车的速度更快，以及哪辆小汽车滑动的距离更远。

活动过程

鼓励幼儿探索不同长度和不同角度的组合。改变纸筒与地面构成的角度，首先平放，然后把纸筒的角度稍微抬高一些，最后把角度抬得更高。询问幼儿，怎样摆放纸筒，小汽车穿过的速度更快、更慢或速度相同。跟幼儿一起操作，设计一个坐标系，对小汽车离开纸筒后滑动的距离进行标记。鼓励幼儿观察不同长度和不同角度的纸筒对小汽车的滑动速度和滑动距离产生的影响。**帮助幼儿观察并拓展相关词汇**，这些词汇主要是与时间、距离和位置有关的，如"（更）快""（更）慢""迅速的""近""远""角度""陡峭的""平缓的"和"升高的"，等等。

活动结束

活动结束前三分钟提醒幼儿，把小汽车放回大箱子里，把纸筒放在桌子上。让幼儿转动一下身体，准备参加下一个环节的活动。

第二组：给布娃娃或小动物做衣服

活动材料

为每名幼儿准备如下材料。

- 一个小的动物填充玩具或玩具娃娃。
- 不同大小、颜色和质地的碎布头。
- 一团细绳线或纱线。
- 不透明胶带。

活动开始

发给每名幼儿一个动物填充玩具或玩具娃娃。告诉幼儿，这些小动物或娃娃想要一些新衣服。请幼儿为小动物或娃娃领取布料，制作新衣服。

活动过程

评论幼儿的做法。使用以下词汇，如"覆盖""包裹""环绕""在……下面""穿袖子""系住"等来描述幼儿的行为。看看每个幼儿的进程，并引导幼儿学会在遇到问题时，向身边的同伴求助。例如你可以这样说："约瑟夫（Joseph）已经解决了如何固定线头的问题，你可以问问他是如何做到的。"

活动结束

结束前的三分钟提醒幼儿归还没有使用的碎布头。请幼儿帮助你在艺术区找一个地方来存放装碎布头的箱子，并告诉大家明天工作时间可能会用到更多的布头。然后请幼儿一边跳着舞，一边进入常规活动的下一个环节。

大组活动时间 KDI 18

爆米花！！！

活动材料

- 降落伞或大被单。
- 海绵球或纸巾球。
- 一段活泼的音乐。

第一步

带着幼儿一起唱"我们要摇啊、摇啊、摇啊"，当所有幼儿都加入进来后再唱一段，直到所有人都坐在地板上。这时候，教师可以问问幼儿："你们做过爆米花吗？"倾听他们分享自己的经历。

第二步

把降落伞展开，让幼儿分别握住伞的边缘，大家围成一圈。告诉幼儿，假设这个降落伞就是一个巨大的爆米花机，你希望大家一起来帮你做爆米花。然后，把所有海绵球放到降落伞的中间，把海绵球当成爆米花。根据幼儿了解的爆米花制作过程，假装往里面倒油或开始加热。把音乐打开，让幼儿一起摇晃降落伞。开始时慢一些，大家一起发出"咝咝"的声音，就像爆米花还没有爆开时发出的声音一样。

第三步

随着音乐节奏加快，幼儿开始快速抖动被单，"爆米花"开始跳起来。如果有"爆米花"飞出去，请幼儿把它们捡回来。

第四步

当音乐放慢时，请幼儿放慢抖动速度。在幼儿的帮助下，收起降落伞，把"爆米花"放进一个单独的篮子里。告诉大家，你会把这些"爆米花"放到_____区域，以便下一个工作时间时使用。告诉幼儿，他们可以假装成"爆米花"，蹦到下一个活动中。

其他　　户外活动时间—KDIs 12、21、22、23/ 餐间谈话—KDIs 6、12、44

户外活动时间

和幼儿在户外玩耍时，尝试像朋友一样和他们交谈。交谈时请注意以下几点。

- 要谈论幼儿感兴趣的话题。
- 做出评论（而不是提出一堆问题），这样做可以让幼儿继续说下去，不用因为要回答问题而感到压力。
- 在幼儿没有反馈之前，不要转换到下一个话题。
- 评论要简明扼要。
- 如果某个幼儿不想在这个时间和你交谈，请尊重他的意见。你可以跟其他真正需要你支持的幼儿聊一聊。

餐间谈话

在进餐时，邀请幼儿看一看活动室里摆放的幼儿的作品。跟他们聊一聊这些作品是用什么材料和方法制作的，比如："我在想约兰达（Yolanda）是怎么完成这幅画的。"或"你知道布伦特（Brent）是怎样把珠子粘到卡板上的吗？"在幼儿回答这些问题时，要停下来注意倾听，并对他们的想法和描述做出进一步的评论，帮助他们发现使用材料的其他方法，比如："珠子都用完了，还有其他方法能用胶水做出跟布伦特一样的手工作品吗？"

家园联系

与家长分享以下信息。

不用买涂色书，白纸就可以（家里现成的任何白纸都行，回收办公室打印过的纸，画在反面也可以）。为幼儿提供蜡笔或记号笔。这样他们就可以自己在白纸上随意画画。画完之后，问问他们是否想在上面写一些字，在他们说话的同时，家长把幼儿的话写在画的旁边，然后带着幼儿一起念几遍，最后把画张贴在幼儿看得到的地方。

观察

　　记录你所观察到的幼儿言行。你
可以复制附录中的表格来做记录。

 后续工作

　　写下自己关于后续工作的思考，
并可复制附录中的表格进行记录。

第 17 天

* 在幼儿的个体活动中观察上述关键发展指标。

问候时间　　　　　　　　　　　　KDIs 12、24、25、26、29

教师 1

当幼儿进入班级时在门口向他们问好。所有幼儿都到齐以后，跟教师2一起阅读。

教师 2

挑选十本左右的图书，摊开，摆放在地板上，跟幼儿一起读书（提示：这段时间应掌握在 15 分钟之内）。阅读结束时，唱一支简单的过渡歌曲。

公告板

在公告板上画出清理时间的图标，并写上"清理"字样，将《老麦克唐纳有个农场》的歌曲卡贴在公告板上，写上"3？""4？""5？""6？"，并告诉幼儿，在清理时间他们会做一个猜谜游戏，游戏的名称就是"唱几段歌曲才能清理干净"，相关的具体描述参见本课"清理时间"。

还可以根据需要写一些你自己编的信息。

计划时间　　　　　　　第一组—KDI 2/ 第二组—KDIs 2、29

第一组：西蒙说

在活动室里进行"西蒙说"游戏，让幼儿说说自己的计划。例如，你可以说："西蒙说，如果你今天要玩积木，就请把手放在自己的鼻子上。"然后让那些想要玩积木的幼儿把手放在鼻子上，并让他们说出自己接下来想要做的事情。当这群幼儿离开去玩积木时，继续这个游戏："西蒙说，如果你今天想要玩过家家，就把手放在你的小肚子上。"重复这个过程，直到所有幼儿都分享了自己的计划。

第二组：名字及个性化图标转盘

事先从一张硬纸板上剪下一个大圆盘，根据幼儿人数，将圆盘分成若干部分。然后把每个幼儿的名字及其个性化图标依次粘贴在圆盘的每个扇形部分里，用一个大头针从圆盘的中心穿过，再做一个箭头套在大头针上，并将其固定下来。转动圆盘，当圆盘停下来时，箭头指向谁的名字就轮到谁说出自己的计划了。

工作时间　　　　　　　KDIs 1、12、13、21、22、23、40、43

继续像朋友一样和幼儿交谈。当你和幼儿交谈时，请注意以下几点。

■ 要谈论幼儿感兴趣的话题。

■ 做出评论（而不是提出一堆问题），这样做可以让幼儿继续说下去，不用因为要回答问题而感到压力。

■ 在幼儿没有反馈之前，不要转换到下一个话题。

■ 评论要简明扼要。

■ 如果幼儿不想在这个时间和你交谈，请尊重他的意见。你可以跟其他真正需要支持的幼儿聊一聊。

清理时间　　　　　　　　　　　　　　　　　KDI 11

按照惯例，在活动结束前的十分钟和五分钟，分别对幼儿进行口头提示。告诉幼儿，今天的清理时间要进行一个猜谜游戏，游戏的名字叫"唱几段歌曲才能清理干净"。向幼儿介绍，大家在清理时间里要一起唱《老麦克唐纳有个农场》这首歌，等清理活动结束时，看谁能说出我们一共唱了多少段歌曲。你还可以告诉幼儿："在麦克唐纳的农场里有很多可爱的小动物，看看我们在完成清理工作时会唱到多少小动物呢？"

回顾时间　　　　　　　　第一组—KDIs 6、29/ 第二组—KDI 6

第一组：椅子和即时贴

事先在即时贴上画出活动室里不同区域的符号。在回顾时间，让幼儿帮你把椅子排成一排。然后把即时贴粘在每把椅子的背面。让大家都坐在地板上，邀请其中一个幼儿坐到贴有他玩过区域标志的椅子上，然后跟大家分享自己今天玩过的内容。这样依次轮流介绍，直到所有幼儿都坐到了对应的椅子上。

第二组：回顾汤

告诉幼儿，今天要一起来做一份"回顾汤"。在桌上放一个大锅（也可以用桶替代），每个幼儿拿一样今天玩过的玩具（拿一个小件的就可以），先向大家介绍自己今天玩过的玩具，然后把它放到盆里，并开始"搅拌"。重复这个过程，让每个幼儿都参与其中。最后，你可以带领幼儿一起回顾刚刚放进"汤"里的"配料"。

小组活动时间　　　第一组—KDI s4、23、35／第二组—KDI s36、45、47、48、49、51

第一组：给布娃娃或小动物做衣服

活动材料

为每名幼儿准备如下材料。

- 一个小的动物填充玩具或玩具娃娃。
- 不同大小、颜色和质地的碎布头。
- 一团细绳线或纱线。
- 不透明胶带。

活动开始

发给每名幼儿一个动物填充玩具或玩具娃娃。告诉幼儿，这些小动物或娃娃想要一些新衣服。请幼儿为小动物或娃娃领取布料，制作新衣服。

活动过程

评论幼儿的做法。 使用以下词汇，如"覆盖""包裹""环绕""在……下面""穿袖子""系住"等来描述幼儿的行为。看看每个幼儿的进程，并引导幼儿学会在遇到问题时，向身边的同伴求助。例如你可以这样说："约瑟夫（Joseph）已经解决了如何固定线头的问题，你可以问问他是如何做到的。"

活动结束

结束前的三分钟提醒幼儿归还没有使用的碎布头。请幼儿帮助你在艺术区找一个地方来存放装碎布头的箱子，并告诉大家明天工作时间可能会用到更多的布头。然后请幼儿一边跳着舞，一边进入常规活动的下一个环节。

第二组：汽车穿隧道

活动材料

为每名幼儿准备如下材料。

- 包装纸筒或厨房用纸纸筒，有完整的，也有半截长度的，确保每个幼儿手里都有一长一短两个纸筒，当作隧道。
- 每个幼儿至少有两辆火柴盒玩具汽车。

活动开始

向幼儿展示一长一短两个纸筒，并鼓励他们去探索和描述纸筒。如果没有人提到它们长度不同，教师就要向幼儿指出这一点。然后，教师把小汽车发给幼儿，告诉他们，小汽车大小正适合这两个纸筒。让幼儿动手尝试把小汽车放进纸筒里。你可以问幼儿，你想知道小汽车需要多久才能穿过两个不同的纸筒。将两个不同长度的纸筒摆放在同一处，然后稍微抬高同一端，把小汽车放进两个纸筒内，汽车分别从另一端滑出。在这个过程中，提醒幼儿注意观察哪个纸筒里的小汽车最先滑出来，哪辆小汽车的速度更快，以及哪辆小汽车滑动的距离更远。

活动过程

鼓励幼儿探索不同长度和不同角度的组合。改变纸筒与地面构成的角度，首先平放，然后把纸筒的角度稍微抬高一些，最后把角度抬得更高。询问幼儿，怎样摆放纸筒，小汽车穿过的速度更快、更慢或速度相同。跟幼儿一起操作，设计一个坐标系，对小汽车离开纸筒后滑动的距离进行标记。鼓励幼儿观察不同长度和不同角度的纸筒对小汽车的滑动速度和滑动距离产生的影响。**帮助幼儿观察并拓展相关词汇**，这些词汇主要是与时间、距离和位置有关的，如"（更）快""（更）慢""迅速的""近""远""角度""陡峭的""平缓的"和"升高的"，等等。

活动结束

活动结束前三分钟提醒幼儿，把小汽车放回大箱子里，把纸筒放在桌子上。让幼儿转动一下身体，准备参加下一个环节的活动。

大组活动时间	KDIs 24、25、43

歌曲和童谣

活动材料

- 活动室歌曲集。
- 大枕头。
- 碗。
- 勺子。
- 标有"玛菲特"（Muffet）和"蜘蛛"（Spider）的名签，并把名签贴在头饰上。

第一步

带着幼儿一起唱"我们要摇啊、摇啊、摇啊"，当所有幼儿都加入进来后再唱一段，结束时所有人都坐在地板上。把贴有某个幼儿的名字及其个性化图标的歌曲集拿出来，大家一起唱这个幼儿选择的歌曲。

第二步

你开始慢慢地朗诵童谣《玛菲特小姐》（*Little Miss Muffet*），让幼儿仔细听童谣中的韵脚，一边听一边和你一起复述这首童谣。问问幼儿刚刚听到的是哪些押韵词。在这个过程中，可以讨论并解释"小土堆"（tuffet）"凝乳"（curds）和"乳浆"（whey）是什么意思。

第三步

在这个步骤中，小组将表演这个故事。把大枕头放在活动区域中间当成小土堆，请一名幼儿戴上"玛菲特"的名签，扮演玛菲特小姐（或先生），并坐在"小土堆"上，假装用勺子和碗在吃东西。再请另一名幼儿戴上"蜘蛛"的名签，扮演蜘蛛，假装悄悄靠近玛菲特小姐。这时候，扮演玛菲特小姐的幼儿可以跑开，注意：有的玛菲特小姐也可能不会跑开。比如，这个时候她可能会喂"蜘蛛"吃东西，也可能对着"蜘蛛"笑，还有可能吓唬"蜘蛛"让其退后。允许幼儿随意表现。

第四步

当大多数幼儿都参与了这个角色扮演游戏后，告诉幼儿，这是最后一次朗诵童谣。然后把幼儿的名字套用到童谣里，将幼儿解散，大组活动也随之结束。

来了一只大蜘蛛，

就坐在她身旁，

把迈卡（Micah）和维舍努（Vishnu）都吓跑了！

其他　　　　户外活动时间—KDIs 12、36、49/ 餐间谈话—KDIs 6、12、32

户外活动时间

在户外活动材料中增加大型管子（如家用排水管或大号包装管）和小球（如网球或橡皮球等）。

餐间谈话

用餐时请幼儿聊聊家里有几口人，或者有几只小动物。可以在谈话过程中拿出提前制作好的简单表格，表下面列出幼儿的名字及其个性化图标，上面画上家里人或小动物的简笔画。所有幼儿都分享完自己的信息后，你可以用符号在每个幼儿名字后面标记该幼儿家中人口（或小动物）的数量。让大家一起来看看这张表格，幼儿也会主动地来点数和比较这些计数符号。

观察

记录你所观察到的幼儿言行。你可以复制附录中的表格来做记录。

后续工作

- 把第一组游戏中剩下的碎布头放到艺术区。
- 把"玛菲特"和"蜘蛛"名签放到图书区，这样幼儿就可以在工作时间里重复表演这个故事。
- 写下自己关于后续工作的思考，并可复制附录中的表格进行记录。

第 18 天

课程内容——关键发展指标（KIDs）*		
1. 主动性	18. 身体意识	29. 书写
2. 计划性	21. 理解	34. 形状
6. 反思	22. 表达	35. 空间意识
11. 集体	23. 词汇	40. 视觉艺术
12. 建立关系	24. 语音意识	42. 律动
13. 合作游戏	25. 字母知识	43. 假装游戏
16. 大肌肉运动技能	26. 阅读	

* 在幼儿的个体活动中观察上述关键发展指标。

问候时间   KDIs 12、24、25、26、29

教师 2

当幼儿进入班级，在门口向他们问好。所有幼儿都到齐以后，跟教师 1 一起阅读。

教师 1

挑选十本左右的图书，摊开，摆放在地板上，跟幼儿一起读书（提示：这段时间应掌握在 15 分钟之内）。阅读结束时，唱一支简单的过渡歌曲。

公告板

把几块碎布头贴在公告板上，在旁边画上代表艺术区的图标，表明昨天第一组玩过的碎布头今天已经放在艺术区了。幼儿做活动计划时就会想起这些材料。

还可以根据需要写一些你自己编的信息。

计划时间   第一组—KDI 2/ 第二组—KDI 2

第一组：字母磁力贴

活动材料

- 区域卡片。
- 烤盘或其他金属面板。
- 字母磁力贴。

提前把区域卡片贴到烤盘或其他金属面板上，再把各种字母磁力贴放在桌上，这些字母要包含每一位幼儿名字的首字母。在计划时间，逐一请幼儿选择一个含有自己姓名字母的磁力贴，粘到喜欢的区域卡片上。在这个过程中，教师可以问问幼儿今天想用什么材料，想和哪个小朋友一起玩等，以此来帮助他们拓展计划。注意：幼儿可能会选他名字中的任意一个字母，不一定是首字母，这样也可以。

第二组：彩钉和钉板

活动材料

■ 区域卡片。

■ 彩钉和钉板。

把区域卡片固定在钉板上。给每名幼儿一些彩钉，让他们把彩钉钉在自己喜欢的区域卡片上。如果他们想进行多个活动，就钉上更多的彩钉。问问幼儿打算做什么，如果幼儿说出好多想法，则与他们聊一聊他们想先进行什么，再进行什么，等等。当幼儿分享完自己的计划，就可以离开小组进行活动了。

工作时间　　　　　　　　KDIs 1、12、13、21、22、23、40、43

继续像朋友一样和幼儿交谈。当你和幼儿交谈时，请注意以下几点。

■ 要谈论幼儿感兴趣的话题。

■ 做出评论（而不是提出一堆问题），这样做可以让幼儿继续说下去，不用因为要回答问题而感到压力。

■ 在幼儿没有反馈之前，不要转换到下一个话题。

■ 评论要简明扼要。

■ 如果幼儿不想在这个时间和你交谈，请尊重他的意见。你可以跟其他真正需要你支持的幼儿聊一聊。

清理时间　　　　　　　　　　　　　　　　KDI 11

按照惯例，在活动结束前的十分钟和五分钟分别对幼儿进行口头提示。告诉幼儿，今天的清理时间要进行一个猜谜游戏，游戏的名字叫"唱几段歌曲才能清理干净"。既可以唱《老麦克唐纳有个农场》，也可以选另外一首朗朗上口的儿歌，如《小蚂蚁齐步走》

回顾时间　　　　　　　　第一组—KDI 6/ 第二组—KDI 6

第一组：热土豆

用一个柔软的沙包或海绵当"热土豆"。像击鼓传花那样，请幼儿一个接一个地传递"热土豆"。当教师喊停时，拿着"土豆"的幼儿就开始回顾今天自己所进行的活动。依次类推，直到每个幼儿都分享完自己今天的活动。

第二组：照相机

用一个旧照相机，或用盒子做一个假的照相机。让幼儿假装在自己今天玩过的区域拍照。幼儿拍照的时候，教师可以问问其他幼儿："还有谁也在那里玩儿了？有谁看到他做了什么吗？还有谁使用过那些材料？"

小组活动时间　　　　第一组—KDIs 23、26/第二组—KDIs 23、34、35、40

第一组：吹泡泡

活动材料

为每个幼儿准备以下材料。

- 一小碗无毒肥皂水。
- 一根吸管。
- 一件罩衣。
- 最好用废旧报纸把桌子等物品盖好，或者给每名幼儿一个托盘，以便于活动后的清理工作。

活动开始

告诉幼儿，今天的小组活动时间要穿上罩衣。接着，让幼儿们想想自己曾经玩过的吹气游戏，比如吹灭生日蜡烛，吹散蒲公英的种子，或吹气球等。然后，大家一起深吸一口气，再使劲吹出来。发给每人一个小碗和一根吸管。请幼儿把吸管的一头放在碗里，在吸管的另一头用力吹气。

活动过程

观察幼儿是怎样吹气的。有些幼儿可能需要你进一步的鼓励才能吹（不要倒吸）。**在幼儿间来回走动**，注意观察吹出泡泡时幼儿们兴奋的表情。你**可以使用一些描述数量的词汇**来支持他们的探索和发现，如"更多""充满""大量""很少""几个""多重的"，等等。你也跟他们一起吹泡泡，这个过程会给你带来更多启发，有助于更好地体会和描述幼儿的感受。

活动结束

活动结束前的三分钟提醒幼儿，请他们和你一起收拾碗和吸管，并把剩下的肥皂水倒进水池，把空碗摞起来。如果幼儿的手弄脏了，则需要去洗手。请幼儿把他们自己"吹"进下一个活动环节。

第二组：铝箔纸雕塑

活动材料

为每名幼儿准备以下材料。

- 一些铝箔纸。

另外，你还需要准备以下材料。

- 一大张纸。
- 一支记号笔。

活动开始

给每名幼儿发一张铝箔纸，让他们探索观察。在大纸上写下他们的描述语言，如"很亮""很平""起皱"等。观察幼儿是如何摆弄的，你也拿一张铝箔纸，按照幼儿的方式操作。

活动过程

描述幼儿用铝箔纸做成的各种形状，使用"扭曲""形成""弯曲""挤压"等词汇描述幼儿的动作。当幼儿通过挤压、弯曲和扭转等形成了某个造型时，教师适时地引入"雕塑"一词。问问幼儿都可以用自己的铝箔纸进行怎样的雕塑。如果他们需要，可以提供更多的铝箔纸。把你的铝箔纸做成几何造型，并说说你做了什么。而后再听听幼儿的评论。他们可能会这样说：

"我把铝箔纸弄成一个球了。"

"你可以把它压得更小一些。"

"我的球跟你的一样大。"

"我还在大球上放了一个小球。"

如果可能，请用纸做一张表格，记录下你听到的幼儿用来描述操作铝箔纸的词汇，例如，"易压扁的""亮闪闪的""起皱的"等等。但不要为了创建这个表而忽略了跟幼儿的互动。

活动结束

给每名幼儿展示自己的铝箔纸雕塑作品的机会，再把你写在纸上的记录读给大家听，请他们说说还有什么词语可以描述他们所了解到的铝箔纸，你可以及时记录在大纸上。然后把所有幼儿的作品放在活动室的架子上，进行展览。

大组活动时间　　　　KDIs 16、18、42

随着音乐滑行 / 溜冰

活动材料

■ 幼儿和教师，每人两张蜡纸。

■ 一段节拍适中、没有歌词的音乐。

提示：一定要在地毯上进行这项活动，这样蜡纸才可以滑动。

第一步

带着幼儿一起唱"我们要摇啊、摇啊、摇啊"，当所有幼儿都加入进来后再唱一段，结束时所有人都坐在地板上。向大家解释滑行和溜冰的意思，可以这样说。

教师："什么会滑动或溜冰呢？"

幼儿 1："我叔叔会溜冰，他有一双滑轮鞋。"

幼儿 2："在湿湿的草地上滑行有时会摔倒。"

幼儿 3："人们打棒球的时候会滑动。"

幼儿 4："我看到电视上有人溜冰，还穿着闪亮的衣服。"

教师："大家知道很多滑行或溜冰的方式，今天我们就试着用蜡纸来进行滑行。当我把蜡纸发给你们后，你们就可以尝试各种形式的滑动或溜冰了。"

这个时候可以给幼儿一段时间，让他们探索一下拿到的新材料。

第二步

当幼儿用蜡纸在地毯上尝试滑行时，教师也参与其中，与他们一起实践他们独特的点子，并适时引导幼儿用语言来描述动作的细节。

教师："马修 (Matthew)，我也想像你那样滑动，能告诉我你是怎么做的吗？"

马修："把纸放在一条腿的膝盖下

面就可以了。"

教师："我把纸放在这个膝盖下面了，接下来该怎么滑动呢？"

马修："用另一个膝盖推。"（教师摸了摸他的另一个膝盖。）

教师："滑起来了，我也跟你一样滑起来了，马修！"（教师和马修并排滑起来。）

索尼娅（Shonyah）："我可以这样溜冰。"（她开始向教师展示，她是如何沿着地毯的对角线来溜冰的。）

教师："大家看看，索尼娅溜得怎么样？"

尼雅（Nyah）："她可以一会儿滑到那儿，一会儿滑到这儿，我也要这样

滑。"（其他幼儿陆续模仿索尼娅的方式溜冰。）

第三步

充分认可幼儿的想法，并效仿他们的动作，然后，以自然的方式停止各自的滑行。告诉幼儿，现在你要放音乐了，音乐一响，大家可以用自己最喜欢的方式在地毯上滑行。教师也参与到幼儿中间，按照他们的方式和他们一起滑行。

第四步

当音乐即将结束（或是幼儿想要进行别的活动）时，就让他们滑行到下一个环节。让幼儿把蜡纸扔到垃圾桶或交给教师。

 其他 KDIs 6、12、23

餐间谈话

用餐时和幼儿聊聊他们吃的东西。幼儿可以描述食物的色、香、味和口感，以及在家里是否吃过同样的东西，等等。你可以适时引入一些相关词汇，

如"甜的""咸的""酸的""浓烈的""湿润的""脆的""黏糊糊的""辣的""多汁的""热的""凉的""烤的""炒的"，等等。

 观察

记录你所观察到的幼儿言行。你可以复制附录中的表格来做记录。

 后续工作

- 将把铝箔纸和蜡纸放到艺术区。

- 写下自己关于后续工作的思考，并可复制附录中的表格进行记录。

第 19 天

课程内容——关键发展指标（KIDs）*		
1. 主动性	21. 理解	29. 书写
2. 计划性	22. 表达	34. 形状
6. 反思	23. 词汇	35. 空间意识
11. 集体	24. 语音意识	40. 视觉艺术
12. 建立关系	25. 字母知识	42. 律动
13. 合作游戏	26. 阅读	43. 假装游戏
16. 大肌肉运动技能		

* 在幼儿的个体活动中观察上述关键发展指标。

问候时间 KDIs 12、24、25、26、29

教师 1

当幼儿进入班级时，在门口向他们问好。所有幼儿都到齐以后，跟教师 2 一起阅读。

教师 2

挑选十本左右的图书，摊开，摆放在地板上，跟幼儿一起读书（提示：这段时间应掌握在 15 分钟之内）。阅读结束时，唱一支简单的过渡歌曲。

公告板

在公告板上贴上一张铝箔纸和一张蜡纸，旁边画上代表艺术区的图标，表示昨天玩的这些铝箔纸和蜡纸已经放在艺术区了。

拿出活动室歌曲集，上面有两张即时贴，分别写有两名幼儿的名字及其个性化图标。向大家介绍，今天将由这两名幼儿选择大组活动中要唱哪首歌。这两名幼儿可以将自己的即时贴粘在选中的歌单上。

计划时间 第一组—KDI 2/ 第二组—KDIs 2、25

第一组：手机

递给一名幼儿一部旧手机，你自己也拿一个。假装给这名幼儿打电话，问问他今天打算玩什么，打算在哪个区域活动等。注意，幼儿可能告诉你要拨打他们的"电话号码"。他们往往

只给你一个数字，往往是他们的年龄。例如，一个幼儿可能对你说："贝丝（Beth），我 4 岁，请你拨 4 找我。"这名幼儿在电话里分享完了自己的计划后，他就可以开始今天的活动了。重复上面的做法，直到所有幼儿都做好

计划。

第二组：字母磁力贴

活动材料

- 区域卡片。
- 烤盘或其他金属面板。
- 字母磁力贴。

提前把区域卡片贴到烤盘或其他金属面板上，再把各种字母磁力贴放在桌上，这些字母要包含每名幼儿名字的首字母。在计划时间，逐一请幼儿选择一个含有自己姓名字母的磁力贴，粘到喜欢的区域卡片上。在这个过程中，教师可以问问幼儿今天想用什么材料，想和哪个小朋友一起玩等，以此来**帮助他们拓展计划**。注意：幼儿可能会选他名字中的任意一个字母，不一定是首字母，这样也可以。

工作时间 　　　　　　　　　　　　KDIs 1、12、13、40、43

教师与幼儿一起游戏时，**注意你的提问方式，尽量提一些简洁的、开放性的问题**。封闭式的问题（只有对与错这两种答案的问题）会限制幼儿的沟通能力，而恰当的提问则能激发幼儿的思考。例如，不要这样问："这是什么颜色？""哪一个更长？""我有多少个？"而要这样来问："你可以怎么说？""你觉得怎样才能做到？""如果这样的话，你觉得会发生什么？"

清理时间 　　　　　　　　　　　　　　　　　　　KDI 11

根据惯例，分别在工作时间结束前的十分钟和五分钟提醒幼儿，告诉幼儿，今天在清理时间同样要进行"我们唱了多少段歌"这个游戏。根据你对幼儿的观察和了解，选择一首他们喜欢的歌曲。（提示：不要选择那些需要配合手部动作的歌曲，否则孩子们忙着做动作会忘记了收拾物品。）

回顾时间 　　　　　　　　　第一组—KDI 6/ 第二组—KDIs 6、21、22

第一组：照相机

用一个旧照相机，或用盒子做一个假的照相机。让幼儿假装在自己今天玩过的区域拍照。幼儿拍照的时候，教师可以问问其他幼儿："还有谁也在那里玩了？有谁看到朋友今天都玩了什么？还有谁也跟他一样？"

第二组：小组回顾故事

活动材料

- 回顾故事书。

提前用折纸做一个大本子，本子的页数要确保小组里的每名幼儿都有一页。在封面写上"回顾故事：在一次工作时间里……"，并在每一页依次写上幼儿的名字及其个性化图标，要留出足够的空间让幼儿在属于自己的那一页上写出今天都做了些什么。例如：

苏珊娜（Susanna）☼……
亨利（Henry）♥……

在回顾时间里，和幼儿一起分享这本回顾故事书。告诉幼儿，你会在回顾时记录下他们说出的一些词汇。当所有人都分享完以后，将这本书从头到尾阅读一遍。（提示：如果时间不够用，可以在餐间谈话时继续读完。）

小组活动时间　　　　第一组—KDIs 23、34、35、40/第二组—KDI 40

第一组：铝箔纸雕塑

活动材料

为每个幼儿准备以下材料。

■ 一些铝箔纸。

另外，你还需要准备以下材料。

■ 一大张纸。

■ 一支记号笔。

活动开始

给每名幼儿发一张铝箔纸，让他们探索观察。在大纸上写下他们的描述语言，如"很亮""很平""起皱"等。观察幼儿是如何摆弄的，你也拿一张铝箔纸，按照幼儿的方式操作。

活动过程

描述幼儿用铝箔纸做成的各种形状，使用"扭曲""形成""弯曲""挤压"等词汇描述幼儿的动作。当幼儿通过挤压、弯曲和扭转等形成了某个造型时，教师适时地引入"雕塑"一词。问问幼儿都可以用自己的铝箔纸进行怎样的雕塑。如果他们需要，可以提供更多的铝箔纸。把你的铝箔纸做成几何造型，并说说你做了什么。而后

再听听幼儿的评论。他们可能会这样说：

"我把铝箔纸弄成一个球了。"

"你可以把它压得更小一些。"

"我的球跟你的一样大。"

"我还在大球上放了一个小球。"

如果可能，请用纸做一张表格，记录下你听到的幼儿用来描述操作铝箔纸的词汇，例如，"易压扁的""亮闪闪的""起皱的"等等。但不要为了创建这个表而忽略了跟幼儿的互动。

活动结束

给每名幼儿展示自己的铝箔纸雕塑作品的机会，再把你写在纸上的记录读给大家听，请他们说说还有什么词语可以描述他们所了解到的铝箔纸，你可以及时记录在大纸上。然后把所有幼儿的作品放在活动室的架子上，进行展览。

第二组：用剪刀剪纸

活动材料

为每名幼儿准备一个小篮子（或纸盒、罐子），用来装如下材料。

■ 剪刀。

■ 各种纸片。

活动开始

告诉幼儿，你会发一些材料供他们剪开再拼接。然后把篮子发给每名幼儿，先让他们自己探索活动材料。

活动过程

在幼儿之间来回走动，看看他们怎样与手里的材料互动。有的幼儿可能会把纸剪开，有的可能会把纸的边角剪掉，有的则可能只用胶带。这些尝试都很不错。继续**像伙伴一样和幼儿交谈**。

活动结束

活动结束前的三分钟提醒幼儿，请他们把剪刀、胶带及多余的纸片放回原来的位置。告诉他们，可以把手工剪纸拼图带回家，或放在活动室里进行展览。

> **小贴士：** 用有动作无声音（参见第 15 天的"大组活动时间"）或有声音无动作的方式（参见第 19 天的"大组活动时间"）示意大家安静，用这个策略过渡到下一个环节。比如，在儿童排队洗手时，跟他们说："看看我的手在做什么？你也能这样做吗？"说完把手放到头顶，直到所有幼儿都模仿你的动作。然后换另一个动作，把手放在腰间，让幼儿们模仿这个新动作，直到所有幼儿都跟着一起做。当幼儿都了解了这一游戏规则之后，可以让他们轮流主导做这个游戏。

大组活动时间　　　　　　　　KDIs 16、42

无声动作——言语加工

活动材料

■ 活动室歌曲集。

第一步

齐唱"我们要摇啊、摇啊、摇啊"这首歌。当所有幼儿都加入进来后，再唱一段，结束时所有人都坐在地板上。教师拿出活动室歌曲集，里面有两张即时贴，每张即时贴上面写着一名幼儿的名字及其个性化图标。告诉幼儿，今天由他们来选择一首歌曲。当这两名幼儿在选歌时，教师和其他幼儿一起有节奏地用手掌拍打膝盖，并说："我想知道他们要选什么，我想知道他们要选什么。"然后将歌曲集放在一边。

第二步

请幼儿认真倾听，你准备说一些幼儿可以一起做的事情。对幼儿发出一个口头指令，让幼儿做一些身体动作，但你不要实际做出这个动作。例如：

"把双手举起来。"

"把一只手放在大腿上。"

"把另一只手也放在大腿上。"

"把两只手都放在脚上。"

发出口头指令后，关注幼儿的动作。继续这样做，每做完一个动作后停一下，然后做下一个动作。有时间的话，将发令权交给某名幼儿。尽可能让更多的幼儿带着大家来做这些动作。

第三步

当准备结束集体活动时，做出最后一组安静动作。然后，告诉幼儿，请他们跳着进入一日常规的下一项活动。

其他　　　　　　　　　　　　　　　　　餐间谈话　KDI 24

餐间谈话

用餐时，请幼儿用桌上摆放的物品创编押韵词汇。例如，你可以这样说："吃饭时，咱们来玩一个押韵词的游戏吧。从我开始，谁愿意谁就一起来。"然后你可以说："盘子、篮子——听起来相似。"或者"饭勺、黄桃——听起来相似"。无论幼儿说出怎样的答案都给予鼓励。

家园联系

与家长分享以下想法。

给幼儿一张铝箔纸，看看他们能用这张纸做些什么，并尝试模仿他们的动作。记住，即使你的孩子并没有做出什么像样的东西，这也没关系——他们就是在探索怎样把铝箔纸弄皱或塑形。

观察

记录你所观察到的幼儿言行。你可以复制附录中的表格来做记录。

后续工作

- 当你希望吸引幼儿注意力的时候，就可以用今天大组活动中的"无声动作"来作为过渡活动，例如，当幼儿饭前排队等待洗手时，或是等候每个人都加入到小组或大组活动中来时，都可使用这一方法。

- 写下自己关于后续工作的思考，并复制附录中的表格进行记录。

第 20 天

课程内容——关键发展指标（KIDs）*		
1. 主动性	22. 表达	36. 测量
2. 计划性	23. 词汇	40. 视觉艺术
6. 反思	24. 语音意识	41. 音乐
11. 集体	25. 字母知识	43. 假装游戏
12. 建立关系	26. 阅读	57. 历史
13. 合作游戏	29. 书写	

* 在幼儿的个体活动中观察上述关键发展指标。

问候时间　　　　　　　　　　　　　　KDIs 12、24、25、26、29、57

教师 2

当幼儿进入班级时，在门口向他们问好。所有幼儿都到齐以后，跟教师 1 一起阅读。

教师 1

挑选十本左右的图书，摊开，摆放在地板上，跟幼儿一起读书（提示：这段时间应掌握在 15 分钟之内）。阅读结束时，唱一支简单的过渡歌曲。

公告板

拿出活动室歌曲集，上面贴着三张即时贴，即时贴上分别写有三名幼儿的名字及其个性化图标。帮助幼儿阅读这条信息，即今天将由这三名幼儿来选择大组活动时唱哪首歌。这三名幼儿可以把即时贴粘在想唱的那首歌的歌单上。

在公告板上粘贴两个"不上学日"标志，并向幼儿解释"不上学日"图标的意思，提醒他们，这两天他们都会和家人在一起，过了这两个"不上学日"，他们才重返幼儿园。

计划时间　　　　　　　　　　　第一组—KDI 2/ 第二组—KDI 2

第一组：彩钉和钉板

活动材料

■ 区域卡片。

■ 彩钉和钉板。

把区域卡片固定在钉板上，给每名幼儿一些彩钉，让他们把彩钉钉在自己喜欢的区域卡片上。如果他们想进行多个活动，就钉上更多的彩钉。问问幼儿打算做什么，如果幼儿说出很多想法，则与他们聊一聊他们想先进行什么，再进行什么，等等。一名幼儿分享了自己的计划后，就可以离

开小组，进行活动了

第二组：手机

递给一名幼儿一部旧手机，你自己也拿一部。假装给这名幼儿打电话，问问他今天打算玩什么，打算在哪个区域活动。注意：幼儿可能告诉你要拨打他们的"电话号码"。他们往往只给你一个数字，并且往往是他们的年龄。例如，一个幼儿可能对你说："贝丝，我4岁，请你拨4找我。"这名幼儿在电话里分享完了自己的计划后，他就可以开始今天的活动了。重复上面的做法，直到所有幼儿都做好计划。

工作时间　　　　　　　　　　　KDIs 1、12、13、40、43

教师在与幼儿一起游戏时，**注意提问方式，尽量提一些简洁且开放性的问题**。封闭式的问题（只有对与错这两种答案的问题）会限制幼儿的沟通能力，而恰当的提问则能激发幼儿的思考。例如，不要这样问："这是什么颜色？""哪一个更长？""我有多少个？"而要这样来问："你可以怎么说？""你觉得怎样才能做到？""如果这样的话，你觉得会发生什么？"

清理时间　　　　　　　　　　　　　　　　　　KDI 11

根据惯例，分别在工作时间结束前的五分钟和十分钟。提醒幼儿两次后，告诉幼儿，今天在清理时间要再次进行猜谜游戏。"我们唱了多少段歌"。根据对幼儿的观察，选择一首他们喜欢的歌曲。但要注意不要选择有动作的歌曲，避免出现幼儿忙着做动作，忘记了收拾物品。

回顾时间　　　　　　　第一组—KDIs 6、22/ 第二组—KDI 6

第一组：小组回顾故事

活动材料

■ 回顾故事书。

提前用折纸做一个大本子，本子的页数要确保小组里的每名幼儿都有一页。在封面写上"回顾故事：在一次工作时间里……"，并在每一页依次写上幼儿的名字及其个性化图标，要留出足够的空间让幼儿在属于自己的那一页上写出今天都做了些什么。例如：

苏珊娜（Susanna）☼……

亨利（Henry）♥……

在回顾时间里，和幼儿一起分享这本回顾故事书。告诉幼儿，你会在回顾时记录下他们说出的一些词汇。当所有人都分享完以后，将这本书从头到尾阅读一遍。（提示：如果时间不够用，可以在餐间谈话时继续读完。）

第二组：热土豆

用一个柔软的沙包或海绵当"热土豆"。像击鼓传花那样，请幼儿一个接一个地传递"热土豆"，当教师喊停时，拿着"土豆"的幼儿就开始回顾今天自己所进行的活动。依次类推，直到所有幼儿都分享完自己今天的活动。

小组活动时间	第一组—KDI 40/ 第二组—KDIs 23、36

第一组：用剪刀剪纸

活动材料

为每个幼儿准备一个小篮子（或纸盒、罐子），用来装如下材料。

- 剪刀。
- 各种纸片。

活动开始

告诉幼儿，你会发一些材料供他们剪开再拼接。然后把篮子发给每名幼儿，先让他们自己探索活动材料。

活动过程

在幼儿之间来回走动，看看他们怎样与手里的材料互动。有的幼儿可能会把纸剪开，有的可能会把纸的边角剪掉，有的则可能只用胶带。这些尝试都很不错。继续**像伙伴一样和幼儿交谈**。

活动结束

活动结束前的三分钟提醒幼儿，请他们把剪刀、胶带及多余的纸片放回原来的位置。告诉他们可以把手工剪纸拼图带回家或放在活动室里进行展览。

第二组：吹泡泡

活动材料

为每名幼儿准备以下材料。

- 一小碗无毒肥皂水。
- 一根吸管。
- 一件罩衣。
- 最好用废旧报纸把桌子等物品盖好，或者给每名幼儿一个托盘，以便于活动后的清理工作。

活动开始

告诉幼儿，今天的小组活动时间要穿上罩衣。接着，让幼儿们想想自己曾经玩过的吹气游戏，比如吹灭生日蜡烛，吹散蒲公英的种子，或吹气球等。然后，大家一起深吸一口气，再使劲吹出来。发给每人一个小碗和一根吸管。请幼儿把吸管的一头放在碗里，在吸管的另一头用力吹气。

活动过程

观察幼儿是怎样吹气的。有些幼儿可能需要你进一步的鼓励才能吹（不要倒吸）。**在幼儿间来回走动，注意观**

察吹出泡泡时幼儿们兴奋的表情。你可以**使用一些描述数量的词汇**来支持他们的探索和发现，如"更多""充满""大量""很少""几个""多重的"，等等。你也跟他们一起吹泡泡，这个过程会给你带来更多启发，有助于更好地体会和描述幼儿的感受。

活动结束

活动结束前的三分钟提醒幼儿，请他们和你一起收拾碗和吸管，并把剩下的肥皂水倒进水池，把空碗摞起来。如果幼儿的手弄脏了，则需要去洗手。请幼儿把他们自己"吹"进下一个活动环节。

大组活动时间   KDI 41

歌唱

活动材料

■ 活动室歌曲集。

第一步

唱"我们要摇啊、摇啊、摇啊"这首歌。当所有幼儿都加入进来后，再唱一遍，结束时所有人都坐在地板上。

第二步

向幼儿介绍一首新歌。

第三步

教师拿出活动室歌曲集，上面有三张即时贴，每张即时贴上面写着一名幼儿的名字及其个性化图标。告诉幼儿，今天由他们来选择一首歌曲。当这三名幼儿选歌时，教师和其他幼儿一起有节奏地用手掌拍打膝盖，并说："我想知道他们要选什么，我想知道他们要选什么。"然后大家一起唱三名幼儿所选的歌曲。当然也可以接着唱一唱其他幼儿想唱的歌。

其他   户外活动时间—KDI 12/ 餐间谈话—KDI 6

户外活动时间

如果天气允许，用剩下的肥皂水到户外吹泡泡。

餐间谈话

用餐时，请幼儿分享他们打算周末做些什么。

家园联系

与家长分享以下想法。

和孩子一起吹泡泡。泡泡水可以用洗洁精加水来制作。用各种不同的工具来吹，如吸管、弯成一定形状的金属线等。问问幼儿："轻轻吹和使劲吹时有什么区别呢？""风会怎样影响你吹的泡泡呢？"

观察

记录你所观察到的幼儿言行。你可以复制附录中的表格来做记录。

 后续工作

写下自己关于后续工作的思考，并复制附录中的表格进行记录。

建立在所学基础上的第 4 周总结

本周，你在本班活动室开展了如下工作。

- 运用了将数学活动（估算）融入清理活动的策略。
- 主导了包含数学、科学和创造性表达等课程内容的小组活动。
- 主导了包含运动、音乐、语言和读写等课程内容的大组活动。
- 每位教师每天至少完成了四篇幼儿观察记录。

幼儿在以下方面得到重点支持和帮助。

- 继续与活动室中的成人、其他幼儿建立关系。
- 表达自己的计划、选择和意图。
- 参与那些能够支持其发展的课程活动，包括
  学习品质
  社会性和情感发展
  身体发展和健康
  语言、读写和交流
  数学
  创造性艺术
  科学和技术
  社会学习

通过运用如下高瞻课程互动策略，你的师幼互动技能得以发展。（加黑部分是本周使用到的一些新策略）

- 为幼儿提供安慰与交流。
  - 寻找需要安慰与交流的幼儿。
  - 为幼儿提供其喜爱的肢体交流方式。
  - 为幼儿提供简单的认可。
  - 肯定幼儿的感受。
- 参与幼儿的游戏。
  - 参与游戏并跟幼儿处于同一水平。
  - 与幼儿一起进行平行游戏。
  - 利用对幼儿活动的观察和评论，作为加入幼儿活动的开场。
  - 寻找一种自然的开场方式，加入幼儿活动。
    — 参加幼儿游戏前，先确定活动类型，如探索性游戏、角色扮演游戏、建构游戏或规则游戏。
  - 由幼儿掌控活动进程，教师仅是参与者。
- 与儿童交谈。
  - 寻找自然的谈话时机。
  - 对幼儿发起的谈话予以积极回应。
- **以同伴的身份与幼儿交谈。**
- **抓住任何机会将谈话的主动权交还给幼儿。**
  — 紧扣幼儿发起的话题。
  — 为了使交谈继续下去，教师可以

稍加评论，但不要强迫幼儿回答。

— 在进行下一轮的交谈之前，要等待幼儿的回应。

■ 提问要便于回答。

— 提问要简洁。

— 直接围绕幼儿正在做的事情提问。

— 就幼儿的思考过程提出问题。

■ 鼓励幼儿解决问题。

□ 把同伴推荐给幼儿，以有助于问题的解决。

了解更多关于如何化解冲突的问题解决法

冲突是幼儿日常生活中的一部分。高瞻课程认识到，解决矛盾冲突的方式是幼儿社会性发展过程中必不可少的一部分。在幼儿学习数学和读写技能的同时，也要学习用问题解决法来处理人际关系。当幼儿之间产生冲突时，你可以参考以下"问题解决六步法"来做。

1. 平静地走向幼儿，阻止一切伤害性行为。

待在幼儿中间，和他们保持同一高度。

• 注意你说话的语调。

• 快速而温和地停止一切伤害性行为。

2. 认同幼儿的感受。

例如，你可以说："你看起来真的很伤心。"

• 把你的手放在有争执的玩具或物品上，让玩具在视野范围内，然后说："我先拿着它，直到我们想出解决问题的方法。"

• 看着每个当事的幼儿，并叫出他们的名字。

• 重复说出幼儿的感受，直到幼儿都渐渐平静下来。

3. 搜集信息。

例如，你可以说："问题出在了哪里？"

• 问"是什么"，而不要问"为什么"。

• 倾听问题的细节。

4. 重述问题。

例如，你可以说："因此，问题是……"

• 重述你从幼儿口中所听到的细节。

• 纠正幼儿带有伤害性的言语；如有必要，还要制止伤害性的举动，说出幼儿的感受。例如："不可以再这样骂人。你正在生气。"

5. 询问幼儿解决问题的办法，并达成一致。

例如，你可以说："我们该做些什么来解决这个问题呢？"

• 鼓励幼儿自己说出解决问题的方法。

• 如有必要，可以征求当事人以外的其他幼儿的建议。

• 如果解决办法听起来模糊不清，你可以这样问："那是个怎样的方法呢?"或"你会怎么做呢?"

6. 需要时给予后续支持。

例如,你可以说:"你们把问题解决了!"

- 描述幼儿是如何解决这个问题的,要对细节进行描述。
- 再次确认解决方法当前仍然是有效的。

在日常活动中,一旦出现矛盾冲突,即可按照以上六个步骤解决问题。你还可运用高瞻学前儿童观察记录(COR)中的项目 H——"冲突解决"——来记录你所观察到的幼儿在解决问题过程中的表现。

有关问题解决的更多信息,可参见贝齐·埃文斯(Betsy Evans)的《你不能参加我的生日聚会!——学前儿童的冲突解决》(*You Can't Come to My Birthday Party* ! *Conflict Resolution With Young Children*),教育科学出版社。

小贴士: 在使用问题解决六步法时,可借助一些可视的提示语来提醒自己。很多教师都感觉这些策略非常实用。

- 把六步法写下来,并贴在活动室里。
- 如果你随身携带工作证,就把六步法写在小卡片上,附在工作证的背面,需要的时候,把工作证翻过来就看到了。
- 把六步法压在带夹的写字板(如果你用它来记录出勤情况或儿童记录等)的背面。

第 5 章
第 5 周

准备工作：第5周概览

第5周目标

■ 每位教师每天至少完成五篇幼儿观察记录。

■ 识别出观察记录中所描述的课程内容。

■ 根据本书提到的《成长中的阅读者——早期读写能力培养课程》中的范例，组织实施三次以读写为主题的小组活动。

■ 依据对幼儿的观察为本班幼儿量身定制课程计划。本周要制定一个大组活动和一项整理时间策略，并且还要对计划时间的策略进行修改、完善。

本周要牢记的事项
一日常规

■ 识别幼儿观察记录中描述的课程内容。在观察记录之后，标明课程内容。例如：

> "工作时间，在积木区，吉娜（Gina)点数着1、2、3、4块积木"。
> ——BB.计数（BB.Counting）

■ 一定要提前阅读每项活动计划，以便在活动开始前准备好所需的各种材料。

■ 本周，你将使用高瞻数字加学前数学课程中的三个案例。在第21、23、25天，在小组活动中，你将使用第7章中的数字加活动。

■ 在第22天，制订大组活动时间的计划。根据对幼儿的观察，可以从过去几周的活动中选择一项你认为他们还会喜欢的大组活动。参见第5章第21天"后续工作"的相关内容。

■ 在第25天，根据幼儿的喜好，选择一个人物或动物形象作为清理活动的道具。本班整个教学团队一起来回顾幼儿观察记录。你注意过幼儿喜欢玩或扮演什么？选择幼儿喜欢的东西，运用到清理活动中。例如：你可以假装是一辆汽车，载着玩具回家；也可以扮成婴儿尖声说话，或扮成小兔子蹦蹦跳跳地收拾玩具。总之，将你的想法添加到清理活动的计划中，并且别忘了在公告板上与幼儿分享这些策略。

■ 周五，将"不上学日"图标粘贴在公告板上，并向儿童解释"不上学日"图标的含义，提醒他们待在家里休息两天后再重返幼儿园。

■ 在问候时间里，继续在公告板上创

建你自己的信息。

其他

继续将新的歌曲卡添加到活动室歌曲集中。

幼儿离园后要做的工作

- 记录你对幼儿的观察结果，并简要写下对后续工作的想法。
- 阅读第二天的课程计划，做好幼儿入园前的准备工作。

本周提示				
星期一（第21天）	星期二（第22天）	星期三（第23天）	星期四（第24天）	星期五（第25天）
两组：数字加活动（小组活动时间） 家长通知单：和孩子一起阅读 根据观察记录，制订第二天的大组活动计划		绘制一大张简明活动室地图，今天的计划时间里第一组会用到它。第二组也将在星期五的计划时间里使用 制作放在地板上的大号区域标识，今天的计划时间里第二组会用到它第一组也将在星期五的计划时间里使用 两组：数字加活动（小组活动时间） 准备好大组活动要用的大几何图形	家长通知单：和孩子一起翻看家庭相册 根据幼儿观察记录，制订第二天的整理活动策略	两组：数字加活动（小组活动时间） 教师1：根据幼儿观察记录，制订第26天的小组活动计划（参见第26天的"小组活动时间"）

第 21 天

课程内容——关键发展指标（KIDs）*		
1. 主动性	16. 大肌肉运动技能	29. 书写
2. 计划性	21. 理解	35. 空间意识
6. 反思	22. 表达	40. 视觉艺术
11. 集体	24. 语音意识	42. 律动
12. 建立关系	25. 字母知识	43. 假装游戏
13. 合作游戏	26. 阅读	

* 在幼儿的个体活动中观察上述关键发展指标。

问候时间   KDIs 12、24、25、26、29

教师 1

在门口处迎接幼儿并问好。所有幼儿都到齐后，跟教师 2 一起阅读。

教师 2

挑选十本左右的图书，摊开，摆放在地板上，和幼儿一起读书（提示：这段时间应掌握在 15 分钟之内）。阅读结束时，唱一支简单的过渡歌曲。

公告板

在公告板上画出清理时间的图标，并写上"清理"字样，用胶带将一个小桶或袋子贴在公告板上，并告诉幼儿：清理时，可以用一个容器把东西都集中起来，这样更便于收拾。完整内容参见今天课程计划的"清理时间"。

还可以根据需要写一些你自己编的信息。

计划时间   第一组—KDI 2/ 第二组—KDI 2

第一组：计划公交车

活动材料

- 用来当车票的若干张小纸片或卡片。

提前把幼儿的座椅排成直线，如同公交车上的座椅。在计划时间里，给每个幼儿一张车票。并告诉他们可以坐上计划公交车。坐在第一排的幼儿告诉大家自己的计划后，把车票交给老师，再把他的座椅放回原来的位置。当这名幼儿离开去进行自己的活动时，让下一个幼儿说出自己的计划。重复这个过程，直到所有幼儿都分享了自己的计划。

第二组：区域卡片和动物玩偶

活动材料

- 一组动物玩偶。
- 区域卡片。

提前看看你对幼儿的观察记录，根据幼儿的喜好挑选一组他们特别喜欢玩的动物玩偶。活动开始时，将区域卡片放在桌子上，发给每名幼儿一个动物玩偶。一会儿，他们打算到哪个区域工作，就将动物放在哪个区域的卡片上。通过提问拓展幼儿计划的细节，如可以问问他们会用哪些材料，自己的工作伙伴有谁，等等。

工作时间　　　　　　　　KDIs 1、12、13、40、43

继续努力拓展你向幼儿提出的问题的类型。除了涉及幼儿思考过程的问题外，还可以问**一些和他正在做的事情直接相关的问题**，因为这样的问题可以激发相互讨论。例如，你可以问一个或几个这样的问题："你会怎么说呢？""你觉得为什么会出现这种情况？""如果这样，会出现什么结果呢？"不要明知故问。始终牢记：不要问太多问题，并且要尊重幼儿的回答。

清理时间　　　　　　　　　　　　KDI 11

按照惯例，在活动结束前的十分钟和五分钟，分别对幼儿进行口头提示。告诉幼儿：今天他们可以用清理桶（或清理袋、大酸奶盒）来收拾活动材料。接着就让幼儿使用小桶（或其他容器）来收集那些需要放回原处的物品。当幼儿的容器里收集了一些物品后，就可以把它们归位了。注意：在整个清理过程中，始终保持轻松、有趣的氛围。

回顾时间　　　　　　第一组—KDIs 29、40/第二组—KDI 6

第一组：写字或画画

活动材料

为每个幼儿准备如下材料。

- 一张纸。
- 一支铅笔或几支蜡笔。

另外，教师手里拿着以下材料。

- 区域卡片。

给每名幼儿一张纸、一支铅笔或几支蜡笔。让幼儿在纸上画出或写下自己在工作时间玩过的内容。把区域卡片放在桌子上，幼儿可以抄写卡片上标注的区域名称。小一点的孩子可以把刚才玩过的某样东西拿过来，照着画。

第二组：摇铃

活动材料

- 标有幼儿名字及其个性化图标的卡片。
- 一个袋子。
- 一个铃铛或沙锤。

提前将标有幼儿名字及其个性化图标的卡片放进一个袋子里。每次从袋子里抽出一张卡片，卡片上是谁的名字，谁就拿起小铃铛或沙锤，其他人闭上眼睛趴在桌上。然后拿着铃铛的幼儿就可以走到自己玩过的区域并摇动铃铛，闭眼的幼儿则根据声音的方向猜一猜他玩过哪个区域。而后，摇铃的幼儿回到桌前，告诉大家自己在那个区域做了些什么。接着其他幼儿依次重复这个过程。

| 小组活动时间 | 第一组—KDI 34/ 第二组—KDIs 34、35 |

第一组：数字加活动案例

几何活动 10：制作图形

幼儿用硬卡纸把橡皮泥塑造或切成图形（完整活动参见第 7 章）。

第二组：数字加活动案例

几何活动 14：图形积木（pattern block）动物

幼儿用图形积木拼搭想象的动物，然后说出并描述所用图形的特征，以及他们是如何把这些图形拼在一起又分开的（完整活动参见第 7 章）。

| 大组活动时间 | KDIs 16、42 |

假装跳舞

活动材料

- 一段活泼的、无歌词的音乐伴奏。

第一步

带着幼儿一起唱"我们要摇啊、摇啊、摇啊"。当所有幼儿都加入进来时再唱一段，直到所有人都坐在地板上。

第二步

请所有幼儿关注并模仿你的动作。首先，假装演奏吉他。问问幼儿，你在做什么。听听他们的回答。重复这个过程，但下一次假装敲鼓。然后再平躺在地上，抬起脚在空中晃动，让他们想想你在做什么。听听他们的回答。如果没有人猜中，再告诉他们你在假装跳舞。让所有幼儿分散开来，跟着你做。同时，提醒他们，脚别碰着其他小朋友。告诉幼儿，当音乐响起时就可以开始跳舞了。播放活泼的音乐，并和幼儿一起假装跳舞，在空中晃动双脚。

第三步

音乐快结束时，请幼儿跳着舞进入下一项活动中。

其他　　　　　　户外活动时间—KDIs 12、35/ 餐间谈话—KDIs 21、22

户外活动时间

和幼儿在户外玩耍时，要跟他们强调物体的位置和方向，你可以这样说：

"你在伊恩（Ian）周围爬。"

"我在你的下面。"

"你朝妈妈跑过去了。"

餐间谈话

进餐时，邀请幼儿和你一起玩"听词敲桌子"游戏。告诉他们，当听到特定单词时，轻轻敲桌面。首先告诉幼儿哪个是特定词，然后开始说别的单词，直到你说到那个特定词。例如，特定词是"南瓜"，你可以这样说："当你听到'南瓜'时，用你的手指轻轻敲桌面。准备好了吗？樱桃、西瓜、梨、葡萄、菠萝、香蕉、南瓜。"然后更换特定词，继续玩下去。也可以让幼儿来选择特定词，然后说出一串词语。

家园联系

与家长分享以下信息。

为孩子读一本书。如果以前曾给孩子读过这本书，那就在读的过程中时常停顿一下，听听孩子是否能接上后面的内容。

观察

记录你所观察到的幼儿言行。你可以复制附录中的表格来做记录。

后续工作

- 查看你的幼儿观察记录，根据幼儿的喜好挑选一项他们特别喜欢的大组活动，第二天再做一次。例如，你可以选择如下活动。

  —第 9 天的音乐方毯活动。

  —第 10 天的划船活动。

  —第 12 天的快慢律动活动或者其他某天进行过的活动。

- 写下关于后续工作的其他思考，并复制附录中的表格进行记录。

> **小贴士：** 在对幼儿进行观察记录时，你会发现，在记录幼儿逸事的同时简要标注相应的课程内容领域很有用。在活动室张贴一些 KDI 清单，这些快速提示将帮助你记起你想要寻找的内容，并有助于为幼儿的游戏提供支架。

第 22 天

课程内容——关键发展指标（KDIs）*		
1. 主动性	24. 语音意识	38. 模式
2. 计划性	25. 字母知识	40. 视觉艺术
6. 反思	26. 阅读	43. 假装游戏
11. 集体	29. 书写	57. 历史
12. 建立关系	32. 点数	
13. 合作游戏	36. 测量	

* 在幼儿的个体活动中观察上述关键发展指标。

问候时间   KDIs 12、24、25、26、29

教师 2

当幼儿进入班级时，在门口向他们问好。所有幼儿都到齐以后，跟教师 1 一起阅读。

教师 1

挑选十本左右的图书，摊开，摆放在地板上，跟幼儿一起读书（提示：这段时间应掌握在 15 分钟之内）。阅读结束时，唱一支简单的过渡歌曲。

公告板

在公告板上画出清理时间的图标，并写上"清理"字样。用胶带将一个小桶或袋子贴在公告板上，并告诉幼儿：清理时可以用一个容器把东西都集中起来，这样更便于收拾。完整内容参见今天课程计划的"清理时间"。

还可以根据需要，写一些你自己编的信息。

计划时间   第一组—KDI 2/ 第二组—KDI 2

第一组：区域卡片和动物玩偶

活动材料

- 一组动物玩偶。
- 区域卡片。

提前看看你对幼儿的观察记录，根据幼儿的喜好挑选一组他们特别喜欢玩的动物玩偶。活动开始时，将区域卡片放在桌子上，发给每名幼儿一个动物玩偶。一会儿，他们打算到哪个区域工作，就将动物放在哪个区域的卡片上。通过提问拓展幼儿计划的细节，如可以问问他们会用哪些材料，自己的工作伙伴有谁，等等。

第二组：计划公交车

活动材料

- 用来当车票的若干张小纸片或卡片。

提前把幼儿的座椅排成直线，如

同公交车上的座椅。在计划时间里，给每个幼儿一张车票。并告诉他们可以坐上计划公交车。坐在第一排的幼儿告诉大家自己的计划后，把车票交给老师，再把他的座椅放回原来的位

置。当这名幼儿离开去进行自己的活动时，让下一名幼儿说出自己的计划。重复这个过程，直到所有幼儿都分享了自己的计划。

工作时间 — KDIs 1、12、13、40、43

继续努力拓展你向幼儿提出的问题的类型。除了涉及幼儿思考过程的问题外，还可以问一些和他正在做的**事情直接相关的问题**，因为这样的问题可以激发相互讨论。例如，你可以

问一个或几个这样的问题："你会怎么说呢？""你觉得为什么会出现这种情况？""如果这样，会出现什么结果呢？"不要明知故问。始终牢记：不要问太多问题，并且要尊重幼儿的回答。

清理时间 — KDI 11

按照惯例，在活动结束前的十分钟和五分钟分别对幼儿进行口头提示。告诉幼儿：今天他们可以用清理桶（或清理袋、大酸奶盒）来收拾活动材料。接着就让幼儿使用小桶（或

其他容器）来收集那些需要放回原处的物品。当幼儿的容器里收集了一些物品后，就可以把它们归位了。注意：在整个清理过程中，始终保持轻松、有趣的氛围。

回顾时间 — 第一组—KDI 6/ 第二组—KDIs 29、40

第一组：摇铃
活动材料
- 标有幼儿名字及其个性化图标的卡片。
- 一个袋子。
- 一个铃铛或沙锤。

提前将标有幼儿名字及其个性化图标的卡片放进一个袋子里。每次从袋子里抽出一张卡片，卡片上是谁的

名字谁就拿起小铃铛或沙锤，其他人闭上眼睛趴在桌上。然后拿着铃铛的幼儿就可以走到自己玩过的区域并摇动铃铛，闭眼的幼儿则根据声音的方向猜一猜他玩过哪个区域。而后摇铃的幼儿回到桌前，告诉大家自己在那个区域做了些什么。接着其他幼儿依次重复这个过程。

第二组：写字或画画

活动材料

为每个幼儿准备如下材料。

■ 一张纸。

■ 一支铅笔或几支蜡笔。

另外，教师手里拿着以下材料。

■ 区域卡片。

给每名幼儿一张纸、一支铅笔或几支蜡笔。让幼儿在纸上画出或写下自己在工作时间玩过的内容。把区域卡片放在桌子上，幼儿可以抄写卡片上标注的区域名称。小一点的孩子可以把刚才玩过的某样东西拿过来，照着画。

 小组活动时间　　第一组—KDI 40/ 第二组—KDIs 32、36、38

第一组：探索黏土

活动材料

为每名幼儿准备如下材料。

■ 一大块黏土。

■ 一个压舌板或黏土工具。

■ 一块黏土垫。

■ 一小盘水。

■ 一件罩衫。

活动开始

告诉幼儿要穿上罩衫。发给每名幼儿一大块黏土和一个垫子，并说："今天，我们要来玩一玩黏土。"你自己手上也要拿一大块黏土。

活动过程

教师要在幼儿中间来回走动，观察他们用黏土做了些什么。尝试按照幼儿的方式制作你的黏土。过程中，需要用水将黏土变软。只有需要时才将压舌板作为辅助工具来使用。在与幼儿互动及协助幼儿探索的过程中，别忘了运用你掌握一些交谈技巧（参

见本书引言中"鼓励主动学习的互动策略"）。

活动结束

活动结束前的三分钟提醒幼儿，请幼儿将黏土放进黏土罐里，再用湿毛巾盖住罐口。告诉幼儿，如果明天的工作时间想要用黏土，就可以到美工区来取。

第二组：小熊家

活动材料

为每个幼儿准备以下材料。

■ 三种颜色、大小不同的计数用塑料熊，或是其他能够按两种或两种以上不同特点进行分类的动物玩偶（如不同颜色、大小、动物种类等）。

■ 作为辅助材料的小块积木。

活动开始

为幼儿讲一段小熊家的故事。拿出一堆不同大小的红色熊。问问幼儿，小熊一家有什么共同点。然后拿出一

只蓝色熊，告诉幼儿这只蓝色熊也正在找自己的家。问问幼儿，怎样帮助这只蓝色的熊组建一个家庭。幼儿可能会建议你再拿来一些蓝色的熊，和它放在一起。按照幼儿的建议，拿出一堆蓝色熊。作为故事的延伸，你可以说"小熊宝宝们现在想一起玩了"，并把最小号的熊都放在一起。告诉幼儿，接下来每人都会拿到几只小熊，然后你将会想知道，当这些小熊放到一起时会发生什么。

活动过程

发给每名幼儿一个装满熊的篮子，让幼儿分类。在幼儿为熊分类的过程中，可能会重复故事中的某些部分。观察一下，哪些幼儿是按照颜色、大小或同时按这两种属性来进行分类的。

听听幼儿是如何使用"相同""不同""更多""更少""更大""更小"这些比较性词汇的。有些幼儿会将熊按照从大到小的顺序排列起来。还有一些幼儿会数一数自己有多少只熊。鼓励幼儿通过点数来判断哪堆熊最多，哪堆最少。有些幼儿可能会将熊随机分堆、排队，或已经开始和熊们玩假装游戏了。几分钟之后，给幼儿一些小块积木，和熊一起玩。

活动结束

活动结束前的二分钟提醒幼儿，小组活动结束时，在桌子中间放着三只篮子，请幼儿根据颜色将熊分别放进不同的篮子里。告诉幼儿，在下次工作时间可以继续使用这些熊。

大组活动时间	你的 KDIs：

关于先前活动的想法

第一步

带着幼儿一起唱"我们要摇啊、摇啊、摇啊"，当所有幼儿都加入进来后再唱一段，结束时所有人都坐在地板上。

第二步

根据此前的活动情况，设计并实施你自己的活动计划（参见本书第 5 章"后续工作"中的相关内容）。

你的计划是

第三步

发明你自己的过渡方法，并建议幼儿用这一方法进入到一日常规的下一个环节。

其他　　　　　　户外活动时间—KDIs 12、40/ 餐间谈话—KDIs 12、32、57

户外活动时间

如果天气条件允许，可以让幼儿把画画或写字用的材料带到户外使用，包括粉笔、纸、蜡笔、水和毛笔等。

餐间谈话

用餐时，请幼儿聊聊自己的年龄。问问幼儿的年龄，如谁的年龄大，谁的年龄小，以及他们各自兄弟姐妹的年龄多大（如果他们知道的话）。不要问太多问题，而是试着评论，然后暂停——这样可以鼓励幼儿多说。

教师："香农，你说你四岁，但你的小宝宝还是个小婴儿。"（教师停顿。）

香农："是的，他还很小。"（教师倾听并停顿。）

米卡（Micah）："我的宝宝现在长大一些了，她两岁了。"

教师："两岁是大一些。"（教师停顿。）

科比（Koby）："是的，但他没有我大——我三岁了。"

观察

记录你所观察到的幼儿言行。你可以复制附录中的表格来做记录。

后续工作

写下自己关于后续工作的思考，并复制附录中的表格进行记录。

第 23 天

课程内容——关键发展指标（KIDs）*		
1. 主动性	17. 小肌肉运动技能	36. 测量
2. 计划性	24. 语音意识	37. 单位
6. 反思	25. 字母知识	38. 模式
11. 集体	26. 阅读	40. 视觉艺术
12. 建立关系	29. 书写	42. 律动
13. 合作游戏	34. 形状	43. 假装游戏
16. 大肌肉运动技能	35. 空间意识	

* 在幼儿的个体活动中观察上述关键发展指标。

问候时间　　　　　　　　　　KDIs 12、24、25、26、29

教师1

在门口处迎接幼儿并问好。所有幼儿都到齐后，跟教师2一起阅读。

教师2

挑选十本左右的图书，摊开，摆放在地板上，和幼儿一起读书（提示：这段时间应掌握在15分钟之内）。阅读结束时，唱一支简单的过渡歌曲。

公告板

在公告板上画出清理时间的图标，并写上"清理"字样。画一个活动室中的处于"打开"状态的电灯开关图标，再画上一个箭头，指向另一个处于"关闭"状态的电灯开关图标。引导幼儿阅读这条信息，告诉他们，今天的清理时间会关上灯进行。具体内容参见今天的"清理时间"。

还可以根据需要，写一些你自己编的信息。

计划时间　　　　　　第一组—KDIs 2、35/ 第二组—KDI 2

第一组：活动室地图

提前在一张大纸上画出简明的活动室地图，画出主要区域的标志和名称。发给每名幼儿一辆小汽车，每次让一名幼儿开着自己的小车去地图中找出自己最想工作的区域，并询问幼

儿具体的计划内容。重复这个过程，直到所有幼儿都分享了自己的计划。

第二组：小桶和豆袋

活动材料

■ 区域图标。

■ 每个桶对应一个区域图标。

■ 一个豆袋或一块海绵、一个软球。

提前在活动室选一个开阔的地方，将区域图标摆放在地面上，并在每个图标旁边放一个小桶。你可以这样跟幼儿说："今天，我们要在_____区域做计划。"每次给一名幼儿发一个豆袋、海绵或软球，他最想在哪个区域工作，就请他把豆袋、海绵或软球扔进代表那个区域的小桶里。接着，请幼儿分享自己的计划及细节，如自己的工作伙伴是谁，活动中将使用哪些材料等。一旦做好计划，他就可以开始工作了。重复这个过程，直到所有幼儿都分享了自己的计划。

工作时间　　　　　　　　　　　**KDIs 1、12、13、40、43**

教师在与幼儿一起玩耍时，要避免表扬他们，例如，不要说"做得好""好孩子"或"我喜欢你这样做……"。而是要采用一些鼓励性的策略，如让幼儿描述自己的努力、想法和工作内容。我们的目的是让幼儿学会自己评价个人工作，这样做将有助于他们建立自尊。你可以这样说：

"你能跟我说说你的画吗？"

"你是怎样搭建这艘宇宙飞船的？"

"我看见你在积木顶上放了许多动物，下一步你要做什么？"

清理时间　　　　　　　　　　　　　　　　**KDI 11**

按照惯例，在活动结束前的十分钟和五分钟分别对幼儿进行口头提示。告诉幼儿，今天的清理时间要关上灯进行（活动室要有窗户或自然光才能进行这项活动，以保证安全）。关掉所有的灯，让幼儿帮你寻找需要清理的物品。幼儿通常会乐于将这个活动和第 11 天的"偷偷摸摸的清理"结合在一起来做。

回顾时间　　　　　　　　　**第一组—KDI 6/ 第二组—KDI 6**

第一组：娃娃

发给每名幼儿一个动物玩具或娃娃，每次请一名幼儿为自己的娃娃介绍今天自己玩过的内容。或者让幼儿为别人的娃娃介绍自己今天玩过的内容。请幼儿认真倾听别人的分享。

第二组：名字及个性化图标转盘

使用上周已经做好的名字及个性化图标转盘（参见第 4 章第 16 天的"计划时间"）。请幼儿转动转盘，当转盘停下来的时候，箭头指向谁的名字，就轮到谁介绍自己今天玩过的内容。

小组活动时间　　　　　第一组—KDIs 36、37/ 第二组—KDIs 34、38

第一组：数字加活动案例	**第二组：数字加活动案例**
测量活动 8：填满	代数活动 15：图形毛毛虫
幼儿用两种不同大小的量杯来比较要装满一个大碗，各自需要多少杯。（完整活动参见第 7 章）	幼儿用两种小图形来创造毛毛虫，或用简单的模式来创造其他生物。（完整活动参见第 7 章）

大组活动时间　　　　　　　　　　　　　KDIs 16、17、42

音乐图形

活动材料

■ 用毛垫或纸剪出的大块几何图形（圆形、矩形、三角形）。

■ 欢快的进行曲。

提示：要确保所有图形都是同一种颜色（例如都是红的，或都是蓝的），这样幼儿就会专注于形状而非颜色。

第一步

带幼儿一起唱"我们要摇啊、摇啊、摇啊"。当所有幼儿都加入进来后，再唱一段，结束时所有人都坐在地板上。向幼儿介绍游戏规则：当音乐响起时，请他们在图形上走来走去。一旦音乐停止，每个人都要就近站在某一个图形上。随后，根据他们所踩的图形告诉他们该做些什么。

第二步

播放音乐，而后停止。确保每名幼儿都站在了一个图形上，然后告诉他们："站在正方形上的小朋友，请拍拍你们的手。"玩过几轮之后，鼓励幼儿来决定做什么动作："现在，站在圆形上的小朋友该做点什么呢？"当幼儿熟悉这个游戏之后，再加入"否定"的指令，如："如果你没有站在圆形上，请将自己的拇指放在鼻子上。"或"如果你所站的图形上没有曲线，请晃晃你的一只脚。"

第三步

请每个幼儿记住自己最后站的图形，然后利用这个图形进入到下一环节。例如："如果你站在正方形上，请把你的正方形拿给我，然后进入下一个活动环节。"

> **小贴士**：一天当中，你可以经常使用"是"或"不是"、"有"或"没有"来进行表达。例如，把幼儿带到一日常规的下一个环节时，你可以说："如果你不是男孩，就可以去穿上夹克。"或"如果你没穿搭扣鞋，你可以去自己的小组了。"

你知道……吗?

第 23 天的大组活动时间通过 "不是" 和 "没有" 来帮助幼儿探索如何分类。处理缺失的特征（如 "没有曲线部分"）有助于幼儿两种能力的发展——形成表象和同时思考两种事物。对于学前儿童来说，这两项能力都是复杂的思维过程。例如，幼儿为了理解这句话 "如果你的图形没有曲线部分，请晃晃你的一只脚"，就需要在大脑中先建构带弧线图形的心理图像，然后思考自己的图形有没有曲线。这正是早期数学和科学学习中的重要概念。

其他　　　　户外活动时间—KDIs 12、42/ 餐间谈话—KDIs 6、12

户外活动时间

如果天气允许，可以到户外进行音乐活动。虽然有一些幼儿仍想到处奔跑、攀爬、骑车或投掷玩具，但你会发现，也有幼儿会乐于跟着音乐舞动。这段时间一定要轻松自由，跟着音乐活动只是为幼儿提供的另外一种选择，而不要强求所有幼儿都这样做。

餐间谈话

用餐时，请幼儿说说今天吃的食物的名称，并请他们编一个与食物有关的故事。例如，你可以这样开头："今天吃的是西兰花，我们一起来编一个关于西兰花的故事吧。很久很久以前，有一个个子高高的西兰花……"教师讲故事的过程中一定要不时停下来让幼儿续编接下来的故事情节。

观察

记录你所观察到的幼儿言行。你可以复制附录中的表格来做记录。

后续工作

- 将大组活动中用过的大图形放到某个活动区里。
- 写下自己关于后续工作的思考，并复制附录中的表格进行记录。

第 24 天

* 在幼儿的个体活动中观察上述关键发展指标。

问候时间   KDIs 12、24、25、26、29

教师 2

当幼儿进入班级时，在门口向他们问好。所有幼儿都到齐以后，跟教师 1 一起阅读。

教师 1

挑选十本左右的图书，摊开，摆放在地板上，跟幼儿一起读书（提示：这段时间应掌握在 15 分钟之内）。阅读结束时，唱一支简单的过渡歌曲。

公告板

在公告板上画出清理时间的图标，并写上"清理"字样。画一个活动室中的处于"打开"状态的电灯开关图标，再画上一个箭头指向另一个处于"关闭"状态的电灯开关图标。引导幼儿阅读这条信息，告诉他们，今天的清理时间会关上灯进行。具体内容参见今天的"清理时间"。

拿出活动室歌曲集，上面贴着三张即时贴，即时贴上分别写有三个幼儿的名字及其个性化图标。把歌曲集固定在公告板上。帮助幼儿阅读这条信息，即今天将由这三名幼儿来选择大组活动时唱哪首歌。这三名幼儿可以把即时贴粘在那首歌的歌单上。

计划时间   第一组—KDI 2/ 第二组—KDI 2

第一组：录音机

为幼儿提供一台录音机，请幼儿轮流录下自己今天的工作计划。教师可以通过提问拓展幼儿的思维，如："今天你要和谁一起工作？"或"今天你会使用什么材料？"完成录音的幼儿就可以开始自己的活动了。请将磁带保留下来，这样在回顾时间里也可以使用。

第二组：手电筒

每次让一名幼儿拿着手电筒照一照他想在工作时间玩的物品。教师可以对幼儿的计划做出点评，并提出一些开放性的问题以帮助幼儿拓展思维。例如，你可以说："我看到你的光照到了积木区——你今天要去那儿做些什么呢？""你在今天的活动中会使用什么材料呢？"分享之后，这名幼儿就可以把手电筒传递给下一个人，并开始他今天的工作。重复这一过程，直到所有幼儿都分享了自己的计划。

工作时间　　　　　　　　　　　KDIs 1、12、13、40、43

教师在与幼儿一起玩耍时，要避免表扬他们，例如，不要说"做得好""好孩子"或"我喜欢你这样做……"。而是要采用一些鼓励性的策略，如对幼儿正在进行的活动进行具体的评论。例如：

"我看见你在上面画了很多蓝点，在下面画了一些红线。"

"你把所有蓝色积木放在了下面，把红色的放在了蓝色上面那一行。"

当幼儿寻求教师认可时，这种策略有助于给予他们非判断性的支持。

清理时间　　　　　　　　　　　　　　　　KDI 11

按照惯例，在活动结束前的十分钟和五分钟分别对幼儿进行口头提示。告诉幼儿，今天的清理时间要关上灯进行（活动室要有窗户或自然光才能进行这项活动，以保证安全）。关掉所有的灯，让幼儿帮你寻找需要清理的物品。幼儿通常会乐于将这个活动和第 11 天的"偷偷摸摸的清理"结合在一起来做。

回顾时间　　　　　第一组—KDIs 6、21/ 第二组—KDIs 6、29

第一组：倾听我们的计划

大家一起听听在计划时间里录下的活动计划。每听完一名幼儿的计划后，问问其他幼儿，是否能听出这是谁的声音。问一问做计划的幼儿，他是否实际完成了计划，还是改变了计划。不要做判断式的回应。教师应允许幼儿改变原有计划或回顾一些计划之外的内容。重复这一过程，直到所有幼儿都听到了自己的录音并回顾了自己的活动经历。

第二组：区域卡片与晾衣夹

活动材料

■ 写有幼儿名字及个性化图标的卡片。

■ 晾衣夹。

■ 区域卡片。

每次向幼儿出示一张写有一名幼儿名字及个性化图标的卡片，问一问幼儿："这是谁？"他们回答后，将这张卡片和晾衣夹交给那名幼儿，并请他把自己的名卡用晾衣夹夹在他刚才玩过的区域卡片上。请幼儿告诉教师，刚才他在这个区域里都做了些什么。接着，教师可以把这名幼儿的描述转述给全体幼儿。这样，所有的幼儿就都会注意到，有些区域是很多幼儿都玩过的，而有些区域只有少数人会选择。为了弄清楚数量，有些幼儿还会数一数区域卡片上的夹子数目。

小组活动时间　　第一组—KDIs 32、36、38/ 第二组—KDI 40

第一组：小熊家

活动材料

为每名幼儿准备以下材料。

■ 三种颜色、大小不同的计数用塑料熊，或是其他能够按两种或两种以上不同特点进行分类的动物玩偶（如不同颜色、大小、动物种类等）。

■ 作为辅助材料的小块积木。

活动开始

为幼儿讲一段小熊家的故事。拿出一堆不同大小的红色熊。问问幼儿，小熊一家有什么共同点。然后拿出一只蓝色熊，告诉幼儿这只蓝色熊也正在找自己的家。问问幼儿，怎样帮助这只蓝色的熊组建一个家庭。幼儿可能会建议你再拿来一些蓝色的熊，和它放在一起。按照幼儿的建议，拿出一堆蓝色熊。作为故事的延伸，你可以说"小熊宝宝们现在想一起玩了"，并把最小号的熊都放在一起。告诉幼儿，接下来每人都会拿到几只小熊，然后你将会想知道当这些小熊放到一起时会发生什么。

活动过程

发给每名幼儿一个装满熊的篮子，让幼儿分类。在幼儿为熊分类的过程中，可能会重复故事中的某些部分。观察一下，哪些幼儿是按照颜色、大小或同时按这两种属性来进行分类的。听听幼儿是如何使用"相同""不同""更多""更少""更大""更小"这些比较性词汇的。有些幼儿会将熊按照从大到小的顺序排列起来。还有一些幼儿会数一数自己有多少只熊。鼓励幼儿通过点数来判断哪堆熊最多，哪堆最少。有些幼儿可能会将熊随机分堆、排队，或已经开始和熊们玩假装游戏了。几分钟之后，给幼儿一些小块积木，来假装给熊玩。

活动结束

活动结束前的三分钟提醒幼儿，小组活动结束时，在桌子中间放着三只篮子，请幼儿根据颜色将熊分别放进不同的篮子里。告诉幼儿，在下次工作时间可以继续使用这些熊。

第二组：探索黏土

活动材料

为每名幼儿准备如下材料。

- 一大块黏土。
- 一个压舌板或黏土工具。
- 一块黏土垫。
- 一小盘水。
- 一件罩衫。

活动开始

告诉幼儿要穿上罩衫。发给每名幼儿一大块黏土和一个垫子，并说："今天，我们要来玩一玩黏土。"你自己手上也要拿一大块黏土。

活动过程

教师要在幼儿中间来回走动，观察他们用黏土做了些什么。尝试按照幼儿的方式制作你的黏土。过程中，需要用水将黏土变软。只有需要时才将压舌板作为辅助工具来使用。在与幼儿互动及协助幼儿探索的过程中，别忘了运用你掌握一些交谈技巧（参见本书引言中"鼓励主动学习的互动策略"）。

活动结束

活动结束前的三分钟提醒幼儿，请幼儿将黏土放进黏土罐里，再用湿毛巾盖住罐口。告诉幼儿，如果明天的工作时间想要用黏土，就可以到美工区来取。

大组活动时间　　　　　　　　　　　　　　**KDIs 24、41**

创编押韵诗《沿着海湾溜达》
（*Down By the Bay*）

活动材料

- 活动室歌曲集。

第一步

齐唱"我们要摇啊、摇啊、摇啊"这首歌。当所有幼儿都加入进来后，再唱一段，结束时所有人都坐在地板上。教师拿出活动室歌曲集，里面有两张即时贴，每张即时贴上面写着一个幼儿的名字及个性化图标。告诉幼儿，今天由他们俩来选择一首歌曲。当这两名幼儿选歌时，教师和其他幼儿一起有节奏地用手掌拍打膝盖，并说："我想知道他们要选什么，我想知道他们要选什么。"然后大家一起唱他俩所选的歌曲，当然也可以接着唱一唱其他幼儿想唱的歌。

第二步

开始用押韵的方式和幼儿交谈。例如："我有事情想和你们分享，今天大家都来幼儿园了，真棒！"向幼儿明确指出韵脚，并请幼儿想想其他押韵的字词。仔细听听他们努力找出的押韵字词，并认可他们在押韵方面的想法和尝试。

第三步

告诉幼儿，他们要给一首歌创编押韵的歌词，要想想有哪些有意思的事情可以编进去。唱之前想一想歌曲的曲调和节奏。教师先轻拍自己的膝盖，确定节奏，鼓励幼儿边听节奏边跟着打拍子，然后开始唱《沿着海湾溜达》。

沿着海湾溜达，一路种满西瓜。
我还不敢回家，实因怕我妈妈。
如果这就回家，我妈将要问话：
"你是否见过蜘蛛，它越变越粗？"
沿着海湾溜达。

当你唱到押韵的字词时，一定要放慢速度并强调韵脚。讲一讲那两个押韵的词，放慢语速重复念。还可以替换成其他押韵的一组词再唱一遍。当幼儿熟悉了为这首歌创编押韵词的方式后，就让他们自己想一想，还能替换成哪些押韵的词。幼儿说出的词可能并不符合你所示范的押韵方式，不要紧，在创编的过程中，他们就已经锻炼了这方面的能力。例如："你见过老虎吗——它是不是在打鼓？""你见过蜥蜴在绿地上犁地吗？"

第四步

可以带幼儿玩姓名押韵游戏，并自然地过渡到一日常规的下一环节。开始游戏时，这样跟幼儿说："如果你听见歌里有自己的名字，就可以进入下一项活动了。"只唱儿歌的最后一句，并把幼儿的名字编进去。例如：

你看见利亚姆(Liam)了吗？我看见他在收拾螺母。

你看见吉米（Jimmy）正在跳西米①吗？

你看见苏（Sue）正在整理碎布吗？

其他　　　户外活动时间—KDI 12/ 餐间谈话—KDIs 12、22、23

户外活动时间

想出多种方式鼓励幼儿在户外活动中所付出的努力，而不是表扬他们。例如：

"你不断尝试，不断努力，终于做好了一个篮子！"

"露西（Ruthie），你非常耐心地等待自己骑车的机会。我想埃尔默（Elmer）就要骑完了。"

"埃尔默，你听到露西想要骑车，所以你把自己正在骑的车子让给她了。"

餐间谈话

进餐时，用一些图形和幼儿一起玩"视觉大发现"，例如说"我发现了

---

① 西米（shimmy），西米舞，一种来回摇摆的舞蹈。

圆的东西"或"我发现了环形的东西"。从桌面上显而易见的物品开始说起，然后再逐渐放眼更远的物品。在幼儿猜的过程中不断给予提示，一旦幼儿熟悉了这个游戏，就可以由他们来主导这个游戏。

家园联系

与家长分享以下信息。

和孩子一起翻看家庭相册，并聊聊家庭。和孩子分享你小时候的事情，并为他介绍照片里的人是谁。可以这样评论照片：

"这是布（Boo）叔叔小的时候。"或者："当我是小男孩的时候，我也喜欢玩球。"

观察

记录你所观察到的幼儿言行。你可以复制附录中的表格来做记录。

后续工作

- 把黏土投放到艺术区。
- 把《沿着海湾溜达》歌曲卡添加到活动室歌曲集中。
- 查看幼儿观察记录。看看幼儿喜欢玩什么、扮演什么角色，把幼儿喜欢玩的内容运用到第二天的清理活动中。例如，幼儿可以假装成小汽车，载着玩具放回原处；或是扮成小兔子，蹦着收拾玩具。将你的想法写进第二天课程计划的"清理时间"。

- 用名字押韵的方式使幼儿陆续开始工作，也可以此作为一日常规中的过渡方式。
- 写下自己关于后续工作的思考，并复制附录中的表格进行记录。

第 25 天

* 在幼儿的个体活动中观察上述关键发展指标。

问候时间　　　　　　　　　　　　KDIs 12、24、25、26、29、57

教师 1

当幼儿进入班级时，在门口向他们问好。所有幼儿都到齐以后，跟教师 2 一起阅读。

教师 2

挑选十本左右的图书，摊开，摆放在地板上，跟幼儿一起读书（提示：这段时间应掌握在 15 分钟之内）。阅读结束时，唱一支简单的过渡歌曲。

公告板

将装有一块黏土的袋子固定在公告板上，并画出艺术区的图标。引导幼儿阅读这条信息，告诉他们，黏土已放在艺术区了。

在信息板上粘贴两个"不上学日"图标，并向幼儿解释图标的意思，提醒他们，待在家里休息两天后再重返幼儿园。

计划时间　　　　　第一组—KDI 2/ 第二组—KDIs 2、35、56

第一组：小桶和豆袋

活动材料

■ 区域图标。

■ 每个桶对应一个区域图标。

■ 一个豆袋或一块海绵、一个软球。

提前在活动室选一个开阔的地方，将区域图标摆放在地面上，并在每个图标旁边放一个小桶。你可以这样跟幼儿说："今天，我们要在＿＿＿＿区域做计划。"每次给一名幼儿发一个豆袋、海绵或软球，他最想在哪个区域工作，就请他把豆袋、海绵或软球扔进代表那个区域的小桶里。接着，请幼儿分享自己的计划及细节，如自己的工作伙伴是谁，活动中将使用哪些材料等。一旦做好计划，他就可以开始工作了。重复这个过程，直到所有幼儿都分享了自己的计划。

第二组：活动室地图

提前在一张大纸上画出简明的活动室地图，画出主要区域的标志和名称。发给每名幼儿一辆小汽车，每次让一名幼儿开着自己的小车去地图中找出自己最想工作的区域，并询问幼儿具体的计划内容。重复这个过程，直到所有幼儿都分享了自己的计划。

工作时间　　　　　　　　　　KDIs 1、12、13、40、43

教师在与幼儿一起玩耍时，要尽量避免表扬他们，例如，不要说"做得好""好孩子"或"我喜欢你这样做……"。而是要采用一些鼓励性的策略，如对幼儿正在进行的活动进行具体的评论。例如：

"你刚才在攀爬区附近跑来跑去，现在要上滑梯了。"

"你跟玛丽莎 (Marissa) 说该轮到你玩电脑了，她说：'当然可以！'"

当幼儿需要得到教师的认可时，这一策略有助于给予幼儿非判断性的支持。

清理时间　　　　　　　　　　　　　　　　KDI 11

在本次活动的清理时间，根据幼儿观察记录，选择一个幼儿喜欢扮演的人物形象或者动物形象（如小狗、恐龙、小娃娃或小猫）。在活动结束前的十分钟和五分钟，分别对幼儿进行口头提示。清理时间开始时，告诉幼儿："今天我们将像_____一样清理物品。"请幼儿相互交流这个人或小动物是怎样走路的，会发出什么样的声音。你如果可以像这个人物或动物一样走路和说话，那就太有趣了！

回顾时间　　　　　　　　　　　第一组—KDI 6/第二组—KDI 6

第一组：名字及个性化图标转盘

使用上周已经做好的名字及个性化图标转盘（参见第4章第16天的"计划时间"）。请幼儿再次转动转盘，当转盘停下来时，箭头指向谁的名字，就轮到谁来介绍自己今天玩过的内容。

第二组：娃娃

发给每名幼儿一个动物玩具或娃娃，你自己也拿一个。每次请一名幼儿为自己的娃娃介绍今天玩过的内容，或者让幼儿为别人的娃娃介绍自己今天玩过的内容。请幼儿认真倾听别人的分享。

小组活动时间　　　　第一组—KDIs 34、38/ 第二组—KDIs 36、37

第一组：数字加活动案例

代数活动 15：图形毛毛虫

幼儿用两种小图形来创造毛毛虫，或用简单的模式来创造其他生物（完整活动参见第 7 章）。

第二组：数字加活动案例

测量活动 8：填满

幼儿用两种不同大小的量杯来比较要装满一个大碗，各自需要多少杯（完整活动参见第 7 章）。

大组活动时间　　　　　　　　　　KDIs 24、41

歌唱

活动材料

■ 活动室歌曲集。

第一步

带着幼儿一起唱"我们要摇啊、摇啊、摇啊"，当所有幼儿都加入进来后再唱一段，结束时所有人都坐在地板上。

第二步

将歌曲集翻到前一天大组活动中唱过的《沿着海湾溜达》这首歌，和幼儿一起唱几段。别忘了一定要把幼儿编的押韵词唱进去。

第三步

教师拿出活动室歌曲集，上面有三张即时贴，每张即时贴上面写着一个幼儿的名字及个性化图标。告诉幼儿，今天由他们来选择一首歌曲。当这三名幼儿选歌时，教师和其他幼儿一起有节奏地用手掌拍打膝盖，并说："我想知道他们要选什么，我想知道他们要选什么。"然后大家一起唱由三名幼儿所选的歌曲。当然也可以接着唱一唱其他幼儿想唱的歌。

第四步

让幼儿任意选择一种方式，过渡到下一个活动环节。

其他　　　　　　　　户外活动时间—KDIs 12、49、51

户外活动时间

当你和幼儿在户外一起游戏和互动时，以自然环境的变化为话题和幼儿聊一聊，谈一谈小草、雪、冰、树、花、石头、种子、甲虫、小鸟、蠕虫等。你可以这样跟幼儿说：

"天气越来越凉，树叶从树枝上落下来了。"

"小草长高了。我感觉它们今天湿漉漉的。"

"我们过去常常在这片泥土中看到甲虫，但现在天气变凉了，看不见了。"

餐间谈话

用餐时，与幼儿一起，根据他们曾参与的在大组活动经历创编故事。你可以这样开场："围绕着大组活动喜欢做的事情来编个故事吧。从前，有一群小朋友，他们来到幼儿园。他们都很喜欢参加大组活动。在大组活动时间里，他们……"一定要让所有的幼儿都参与续编故事。幼儿可能会将自己喜欢的歌曲、童谣、运动等都创编进去。

观察

记录你所观察到的幼儿言行。你可以复制附录中的表格来做记录。

后续工作

- 查看幼儿观察记录。看看幼儿喜欢玩什么、扮演什么角色，把幼儿喜欢玩的内容用到第二天的清理活动中。

- **教师1**：查看幼儿观察记录，选择一些幼儿喜欢的拼贴活动材料，以备第26天"小组活动时间"拼贴活动使用。
- 写下自己关于后续工作的思考，并复制附录中的表格进行记录。

建立在所学基础上的第5周总结

本周你在本班活动室开展了如下工作。

- 每位教师每天至少完成了五篇幼儿观察记录。
- 将幼儿观察记录与具体的课程内容相对应。
- 运用了不同的策略，使幼儿专心投入到整理活动中。
- 利用《早期读写能力培养课程》中的活动示例，组织了三次以读写为主题的小组活动。
- 组织了包含数学和创造性表达等内容的小组活动。
- 组织了包含音乐、运动、语言和读写以及数学等内容的大组活动。
- 根据你对本班幼儿的观察和记录，设计了一次大组活动。

幼儿在以下方面得到重点支持和帮助。

- 继续与活动室中的成人和其他幼儿建立关系。
- 表达自己的计划、选择和意图。
- 参与那些能够支持其发展的课程活动，包括以下内容。

学习品质

社会性和情感发展

身体发展和健康

语言、读写和交流

数学

创造性艺术

科学和技术

社会学习

通过运用如下高瞻课程的互动策略，你的师幼互动技能得以发展。（加黑部分是本周使用到的一些新策略）

- 为幼儿提供安慰与交流。
  - □ 寻找需要安慰与交流的幼儿。
  - □ 为幼儿提供其喜爱的肢体交流方式。
  - □ 为幼儿提供简单的认可。
  - □ 肯定幼儿的感受。
- 参与幼儿的游戏。
  - □ 参与游戏并跟幼儿处于同一水平。
  - □ 与幼儿一起进行平行游戏。
  - □ 利用对幼儿活动的观察和评论，作为加入幼儿活动的开场。
  - □ 寻找一种自然的开场加入幼儿活动。
  - —— 参加幼儿游戏前，先确定活动类型，如探索游戏、角色扮演游戏、建构游戏或规则游戏。
  - □ 由幼儿掌控活动进程，教师仅是参与者。
- 与儿童交谈。
  - □ 寻找自然的谈话时机。

□ 对幼儿发起的谈话予以积极回应。

■ 以同伴的身份与幼儿交谈。

■ 抓住任何机会将谈话的主动权交还给幼儿。

— 紧扣幼儿发起的话题。

— 为了使交谈继续下去，教师可以稍加评论，但不要强迫幼儿回答。

— 在进行下一轮的交谈之前，要等待幼儿的回应。

■ 提问要便于回答。

— 提问要简洁。

— 直接围绕幼儿正在做的事情提问。

— 就幼儿的思考过程提出问题。

■ 鼓励幼儿解决问题。

□ 把同伴推荐给幼儿，以有助于问题的解决。

■ **鼓励幼儿，而不表扬。**

□ **参与幼儿的游戏。**

□ **鼓励幼儿描述他们自己的努力、想法和成果。**

□ **重复、重述幼儿的话语。**

了解更多关于"学前儿童观察记录"（升级版）

作为高瞻学前儿童观察记录（COR）的最新版本，学前儿童观察记录（升级版）（COR Advantage）是一个以观察为基础的评估工具，它能对儿童所有领域的认知发展和能力发展进行系统的评估。幼儿观察记录的使用是一个持续的过程。成人全年都要客观地记录儿童逸事，并依据这些记录打分。通过这些记录或相关档案，评价者按照0—7的等级来分级，进而反映每个幼儿从出生到整个学前教育不同阶段的发展水平。

例如，学前儿童观察记录（升级版）项目R"写作"的八个发展等级如下（每个等级的描述都配有两个行为示例）。

0级：幼儿能抓握物品。

幼儿抓握物品，可以是任一种物品。这

一能力为幼儿将来熟练使用工具奠定基础。

1级：幼儿能在书写材料表面留下印迹。

幼儿能手握一种书写工具（如马克笔、粗蜡笔或画笔），并用这些工具画出印迹。

2级：幼儿能涂鸦。

能乱涂乱画一系列连续或相关联的痕迹，这些痕迹可能是由一些连续的反复动作画出的，包括直线、波浪纹、涡卷纹，以及是一些圆圈。

3级：幼儿能书写一些非连续的类似字母的符号。

幼儿在书写方面更加熟练，能够模仿着写出一些形状类似字母或数字的线条（如竖、横或弯斜状）、圆圈和半圆。

4级：幼儿能书写五个或五个以上清晰可辨的字母或数字。

幼儿至少能写出五个常见的字母或数字。一般包括幼儿名字中出现的字母和与他年龄有关的数字。

5级：幼儿能有目的地将字母组合成单词（不只是幼儿名字）。

幼儿将两个或更多字母排在一起，写成一个单词（不只是幼儿名字中出现的字母）。幼儿出于某种目的书写这个单词，如给一幅画命名，制作一张卡片，或是制作一个角色扮演中的道具。这些字母也许是幼儿模仿某个标志牌、某位老师或其他幼儿的话，或者是幼儿自己发明创造出来的。拼写不必完全准确。

6级：幼儿能在单词之间留空，来表明自己书写的是一个句子。

幼儿将单词排列在一起造句子，并在单词之间空格，表示每个单词都代表一个独立的想法（尽管有时可能忘记在单词之间空格）。拼写不必完全准确。如果没地方写了，幼儿也许会从这一页的上边或下边继续书写。

7级：幼儿会根据（英语）书写习惯，从左至右地在水平线上书写句子。

幼儿会按照英语的书写习惯书写句子，如从左至右在水平线上书写，而且在每个句子结束处标上句号。当一行写完没有空位时，幼儿会从下一行的最左边开始继续写。拼写不必完全准确。

教师们会定期回顾逸事记录，以确定每名幼儿的行为都被分别记录到了学前儿童观察记录的所有领域中。如果发现有缺项，教师们会在接下来的几天里特意观察某个孩子和某一领域，并做相应的记录。为了正确使用学前儿童观察记录，需要接受指定的高瞻培训者培训或接受高瞻网络课程培训，以保证教师记录的准确性和可信度。若想了解学前儿童观察记录的其他观察项目及培训内容，可参阅高瞻课程网站 www.highscope.org。

第 6 章
第 6 周

准备工作：第6周概览

第6周目标
- 每位教师每天至少完成六篇幼儿观察记录。
- 在你的每篇观察记录中明确记录所对应的课程内容。
- 依据对幼儿的观察为本班幼儿量身定制课程计划。
- 在你设计的活动中，明确可能的课程内容。

本周要牢记的事项
- 本周，你将根据对幼儿的观察，在一日常规中精选一些活动，并制订自己的个性化活动计划。
- 你所计划的每项活动都要明确活动中可能出现的对应的课程内容，并写在活动计划旁边对应的位置。
- 继续在活动室歌曲集中添加歌曲卡片，使用签名表和过渡歌曲。
- 继续在公告板上加入你编写的针对本班幼儿的信息。
- 周五，在公告栏中粘贴两个"不上学日"，并向幼儿解释"不上学日"图标的意思。提醒他们，这两天他们都会和家人在一起而不来幼儿园，过了这两个"不上学日"后他们才重返幼儿园。

幼儿离园后要做的工作
- 记录你对幼儿的观察结果，并简要记录下你希望继续追踪的线索和需要继续关注的方面。
- 阅读第二天的课程计划，以便在幼儿来园前做好相关准备工作。

本周提示				
星期一 （第 26 天）	星期二 （第 27 天）	星期三 （第 28 天）	星期四 （第 29 天）	星期五 （第 30 天）
第二组：为明天的小组活动制订计划 家长通知单：和孩子一起读书并讨论	根据对幼儿的观察，完成星期三的活动计划 明确你计划的活动所体现的课程内容 家长通知单：关于沐浴的想法	根据对幼儿的观察，完成星期四的活动计划 明确你计划的活动所体现的课程内容	根据对幼儿的观察，完成星期五的活动计划 明确你计划的活动所体现的课程内容	复印附录中的空白计划表和你对幼儿的观察，完成下周一的活动计划 明确你计划的活动所体现的课程内容 家长通知单：和孩子一起回顾当天的生活

第 26 天

课程内容——关键发展指标（KDIs）*		
1. 主动性	21. 理解	32. 点数
2. 计划性	24. 语音意识	40. 视觉艺术
6. 反思	25. 字母知识	41. 音乐
11. 集体	26. 阅读	42. 律动
12. 建立关系	29. 书写	43. 假装游戏
13. 合作游戏	31. 数词和符号	46. 分类

* 在幼儿的个体活动中观察上述关键发展指标。

问候时间 　　　　　　　　　　KDIs 12、24、25、26、29

教师 2

当幼儿进入班级时，在门口向他们问好。所有幼儿都到齐后，跟教师1一起阅读。

教师 1

挑选十本左右的图书，摊开，摆放在地板上，跟幼儿一起读书（提示：这段时间应掌握在 15 分钟之内）。阅读结束时，唱一支简单的过渡歌曲。

公告板

在公告板上画出清理时间的图标，并写上"清理"字样，画出你选出的用来清理时间的角色（完整描述参见本课程计划的"清理时间"）。引导幼儿读懂这条信息，即大家要像_____一样进行清理。

拿出活动室歌曲集，上面贴着三张即时贴，即时贴上分别写有三名幼儿的名字及个性化图标。帮助幼儿阅读这条信息，即今天将由这三名幼儿来选择大组活动时要唱的歌。这三名幼儿可以把即时贴粘在那首歌的歌单上。

计划时间 　　　　第一组—KDI 2/ 第二组—KDIs 2、42

第一组：带绳子的小老鼠

活动材料

■ 每名幼儿一根绳子。

简略地讲一个故事：有一只小老鼠，它喜欢在自己爱玩的东西上系一根绳子。每次给一名幼儿一根绳子，让他扮演故事里的小老鼠。请幼儿用绳子绑住或缠在他在工作时间想要使用的物品上，并把物品拿到桌子上和你分享。所有幼儿分享完自己的工作想法后，他们就可以开始工作了。在小组中让所有幼儿重复这一过程。

第二组：计划小径

活动材料

■ 大号的区域标志。

在活动室里找一块开阔的空间，把大号区域标志铺成一条小径。在老地方和小组成员碰面，并告诉他们："今天，我们要在_____做计划。"当大家都坐在这个区域的地板上时，告诉幼儿，每个人都要以走过小径的方式做计划。每次邀请一名幼儿，一路跳过小径，然后停在代表他想工作区域的标志上。向大家讲述完计划后，他就可以跳着走完剩下的路，并开始工作了。（提示：如果有的幼儿跳到了几个不同的区域，并且做出了几个区域的活动计划，这没有问题，是完全可以的。）

工作时间　　　　　　　　　　　　　　　KDIs 1、12、13、40、43

和幼儿一起游戏时，**要在他们的游戏范围内提出想法或建议。**如果运用得当，这种做法将对幼儿的思维提出挑战，并以此拓展其游戏的内容及深度，加强他们的理解。**当然，要确保你所提出的这些想法并不脱离幼儿的游戏主题，且不改变游戏的内容。**始终尊重幼儿对你的想法所做出的任何反应。

这里有一些例子，关于如何通过简单拓展为幼儿的思想开辟一个崭新的世界。例如，斯坦（Stan）和阿普莉尔（April）连续用了好几天的时间建造了一辆大型救火车，并坐在里面，你则可以搭一间房子，并假装着火了；或者，奈杰尔（Nigel）和肖德拉（Shondra）连着好几天都假扮成猫咪，你就可以带走一只"猫咪"，说它可能生病了，需要看兽医。

清理时间　　　　　　　　　　　　　　　KDIs 11、43

在这次清理活动中，根据你对幼儿的观察，选择一个他们喜欢扮演的角色或动物，如小狗、恐龙、婴儿或小猫咪。在活动结束前的十分钟和五分钟，分别对幼儿进行口头提示。清理时间开始前，告诉幼儿："今天我们要像_____一样清理活动材料。"请幼儿说出他们认为这个人物或动物是怎样移动的，会发出什么样的声音。你也可以模仿这个角色或动物的动作和声音，这将为清理活动增添更多乐趣。

第一组：杯子和玩偶

活动材料

- 玩偶。
- 区域卡片。
- 每个区域卡片对应一个大杯子。

选择一些幼儿目前最喜欢的玩偶，如恐龙、人偶、塑料虫子等。每张区域卡片旁边放一个大杯子。给幼儿一个玩具，让他把玩具放进他玩过的区域旁的杯子里，并分享他在那里具体都做了些什么。然后请下一个幼儿这样做。小组里所有幼儿都分享完后，可以请幼儿数一数每个杯子里分别有多少个玩偶，说一说在哪个区域游戏的幼儿最多，哪个最少。

第二组：橡皮泥

给每个幼儿一小块橡皮泥。让他们捏出刚才工作时间里做过的东西。在幼儿之间来回走动，并请他们与你分享他们的工作。如果你认不出幼儿做的是什么东西，没关系，他们会告诉你他们做了什么。需要注意的是，如果有的幼儿不会做，你可以建议他们拿一个刚才玩过的玩具过来，用玩具在橡皮泥上扣个印子。

第一组：拼贴——美术用品和胶水

根据对本组幼儿的观察，选择拼贴活动的美术材料，如彩带、纸、纱线、纽扣、小石子、可回收物品、包装纸、金粉等。根据幼儿的喜好，选择三至四种不同的用品。同时要思考，通过这次活动，你想在哪些学习领域、在何种发展水平上为幼儿提供支持，这些思考将指导你与幼儿互动。

活动材料

为每个幼儿提供以下材料。

- 一个牢固的纸板基座。
- 一个装有拼贴用具的篮子。
- 一瓶胶水。

并为每人提供一些你选择的其他材料。

活动开始

给每名幼儿发一个装满拼贴材料的篮子，让他们想想可以用这些物品来做点什么。

活动过程

在幼儿中间走动，并观察他们是如何使用这些物品的。如果有需要，要把你准备的其他材料放在桌子中间。让你选择的发展经验领域指导你自己的语言，支持幼儿的活动。你还可以针对每个幼儿调整关注重点。

活动结束

活动结束前三分钟时提醒幼儿，告诉他们把拼贴作品放在某个地方晾干，并请幼儿帮忙把多余的拼贴材料放进各自的篮子里。然后让他们选择以何种方式进入下一活动环节。

第二组：字母和数字

活动材料

为每个幼儿提供以下材料。

- 大号字母（大写和小写）和数字。可以用记号笔写在硬纸板上或彩色美术纸上，或是用木头、硬纸板、镂花模板或剪纸等做的字母和数字。
- 为那些喜欢写字或喜欢沿线描字母或数字的儿童准备的纸张和书写工具。

此外，准备一张图纸，并分成三栏，第一栏表头写上"直线"，并画一个直线的标记；第二栏表头写上"曲线"，并画一个曲线的标记；第三栏表头写上"直线和曲线"，并同时画上两种线的标记。

活动开始

告诉幼儿，他们要观察一些字母和数字，请他们看看这些字母和数字中，哪些包含曲线，哪些包含直线，哪些既包含直线也包含曲线。挑出一个包含直线的字母，用你的手指沿着其中的笔画滑动，以此向幼儿展示什么是直线，并将之前在图表上做好的直线指给幼儿看。以同样的方式引导幼儿感知曲线。请幼儿开始探索字母和数字，观察并感受这些符号不同的组成部分。鼓励幼儿说出这些字母和数字的名称，或由老师告诉他们字母和数字的名称。

活动过程

在幼儿探索的过程中，告诉他们字母和数字的名称，并对其组成部分进行描述，如可以使用"直的""圆的""环形""半圆""线""曲线""上""下""旁边""点"等词汇。当幼儿说出字母和数字是否包含直线或曲线部分时，你就在图表的相应位置写下那个字母或数字。鼓励对此感兴趣的幼儿在图表上或他自己的纸上同样写出或描出这些字母和数字，并描述一下它们的特征。

活动结束

大家一起数每一栏中的字母和数字。写下每一栏的总数，并说说哪组多，哪组少，或是一样多。把这些字母和数字放到幼儿选定的区域里，以备工作时间使用。

| 大组活动时间 | KDI 41 |

歌唱

活动材料

■ 活动室歌曲集。

第一步

带着幼儿一起唱"我们要摇啊、摇啊、摇啊",当所有幼儿都加入进来后再唱一段,结束时所有人都坐在地板上。

第二步

教师拿出活动室歌曲集,上面有三张即时贴,每张即时贴上写有一名幼儿的名字及个性化图标。告诉幼儿,今天由这三名幼儿来选择一首歌曲。当三名幼儿选歌时,教师和其他幼儿一起有节奏地用手掌拍打膝盖,并说:"我想知道他们要选什么,我想知道他们要选什么。"然后,大家一起唱三名幼儿所选的歌曲。当然也可以接着唱一唱其他幼儿想唱的歌。

第三步

让幼儿选择一种方式,过渡到下一个活动环节。

| 其他 | 户外活动时间—KDIs 12、25、31/ 餐间谈话—KDIs 6、12、21 |

户外活动时间

和幼儿在户外游戏互动时,找机会把大家的注意力集中在游乐场里能看到的字母和数字上。例如,你可以说:

"我在这个停止标志上看到了字母S-T-O-P。"

"这个小树枝看上去很像字母 Y。"

"这个轮胎看上去像数字 0。"

餐间谈话

吃饭时,告诉幼儿,你要描述桌子上的某样东西,让他们猜猜是什么。例如,"它是软的""它又小又轻""它是绿色的",幼儿会猜是"豌豆"。一旦他们理解了这个游戏,就可以自己主导这个游戏给出提示来玩了。

家园联系

请家长读书给孩子听。同时和家长分享以下信息。

你可以和孩子讨论书中角色的感受。比如,你可以说:"你觉得迷路的小鸭子会有什么样的感受?"或者:"看看他的脸——他真的很生气。"

| 观察 |

记录你所观察到的幼儿言行。你可以复制附录中的表格来做记录。

后续工作

■ **教师2**：翻看你的幼儿观察记录，选择一些你觉得幼儿会感兴趣的美工材料，用在明天小组时间的拼贴活动里。

■ 写下自己关于后续工作的思考，并复制附录中的表格进行记录。

你知道……吗？

在大组活动时间里，要让幼儿跟着你及配班老师一起唱歌，而不是听录音唱歌。让教师成为活动室里的音乐源泉很重要，原因在于：不用音乐录音唱歌，你可以完成如下任务。

· 放慢演唱节奏，以便幼儿能跟上你。

· 可以升高或降低音高，让幼儿唱得更轻松。记住：幼儿自然的嗓音音域比大部分成年人要高一些。

· 可以将本组幼儿的能力水平考虑进去。大部分录音中都包含许多幼儿完成不了的复杂句子和动作。当你带着幼儿唱时，你可以让他们只唱第一段。

· 在配合动作的歌曲中适当停顿，这样可以为幼儿留出做动作的时间。

· 根据幼儿的兴趣和想法修改歌曲。当边听录音边唱《老麦克唐纳有个农场》时，录音里限定了动物的种类。而当你带领幼儿演唱时，可以选择幼儿喜欢的事物，如恐龙、机器人等。

切记：听歌曲录音无法做到以上任何一个方面。如果手里有歌曲录音，你可以用它来自学喜欢的儿童歌曲，但不要在活动室里播放。学会后自己带着幼儿唱，根据本小组的情况调整节奏和歌词。记住，当幼儿听到你唱歌并看到你很享受唱歌时，他们唱歌的积极性也将大大提升。

第 27 天

问候时间   KDIs 12、24、25、26、29

教师 1

幼儿进入班级时在门口向他们问好。所有幼儿都到齐后，跟教师 2 一起阅读。

教师 2

挑选十本左右的图书，摊开，摆放在地板上，跟幼儿一起读书（提示：这段时间应掌握在 15 分钟之内）。阅读结束时，唱一支简单的过渡歌曲。

公告板

在公告板上画出清理时间的图标，并写上"清理"字样，同时画一双正在观察的眼睛（完整描述参见今天的"清理时间"）。帮助幼儿理解这一信息，即在清理时间内，幼儿将通过"视觉大发现"这个游戏来寻找需要清理的物品，并把它们归位。

按照你的想法编写一些其他信息。

计划时间   第一组—KDI 2/ 第二组—KDI 2

第一组：计划小径

活动材料

■ 大号的区域标志。

在活动室找一块开阔的空间，把大号区域标志铺成一条小径。在老地方和小组成员碰面，并告诉他们："今天，我们要在_____做计划。"当大家都坐在这个区域的地板上时，告诉幼儿，每个人都要以走过小径的方式做计划。每次邀请一名幼儿，一路跳过小径，然后停在代表他想工作区域的标志上。向大家讲述完计划后，他就可以跳着走完剩下的路，并开始工作了。（提示：如果有的幼儿跳到了几个不同的区域，并且做出了几个区域的活动计划，这没有问题，是完全可以的。）

第二组：带绳子的小老鼠

活动材料

■ 每名幼儿一根绳子。

简略地讲一个故事：有一只小老鼠，它喜欢在自己爱玩的东西上系一根绳子。每次给一名幼儿一根绳子，让他扮演故事里的小老鼠。请幼儿用绳子绑住或缠在他在工作时间想要使用的物品上，并把物品拿到桌子上和你分享。所有幼儿分享完自己的工作想法后，他们就可以开始工作了。在小组中让所有幼儿重复这一过程。

工作时间　　　　　　　　　　　　　KDIs 1、12、13、40、43

和幼儿一起游戏时，要在他们的**游戏范围内提出想法或建议**。如果运用得当，这种做法将对幼儿的思维提出挑战，并以此拓展其游戏的内容及深度，加强他们的理解。当然，要确保你所提出的这些想法并不脱离幼儿的游戏主题，且不改变游戏内容。始终尊重幼儿对你的想法所做出的任何反应。这里有一个例子可以告诉你如何拓展幼儿的想法。你观察到，几天来凯拉（kayra）都在用林肯圆木（Lincoln Logs）搭建相同的建筑，你可以加入她的活动，以相似的结构搭建另一座房子。观察她对此有何反应。

清理时间　　　　　　　　　　　　　　　　　　KDIs 11、50

像往常一样，在工作时间结束前的十分钟和五分钟分别对幼儿进行口头提示。你可以这样告诉他们："在今天的清理时间，我们要玩一个'视觉大发现'游戏。"两位教师可以把全班分成几个小组，并分别给他们一些要收拾的物品的提示。例如，你可以这样说："我发现了一个白色的东西……你可以用它把东西舀起来……它和'beasuring bups'谐音。是的，是量杯（measuring cups）！"当幼儿掌握了这个游戏的玩法之后，他们会很高兴地为彼此提出线索。

回顾时间　　　　　　　　第一组—KDIs 6、40、50/ 第二组—KDIs 6、32

第一组：橡皮泥

给每个幼儿一小块橡皮泥。让他们捏出刚才工作时间里做过的东西。在幼儿之间来回走动，并请他们与你分享他们的工作。如果你认不出幼儿做的是什么东西，没关系，他们会告诉你他们做了什么。需要注意的是，如果有的幼儿不会做，你可以建议他们拿一个刚才玩过的玩具过来，用玩具在橡皮泥上扣个印子。

第二组：杯子和玩偶

活动材料

- 玩偶。
- 区域卡片。
- 每个区域卡片对应一个大杯子。

选择一些幼儿目前最喜欢的玩偶，如恐龙、人偶、塑料虫子等。每张区域卡片旁边放一个大杯子。给幼儿一个玩具，让他把玩具放进他玩过的区域旁的杯子里，并分享他在那里具体都做了些什么。然后请下一个幼儿这样做。小组里所有幼儿都分享完后，可以请幼儿数一数每个杯子里分别有多少个玩偶，说一说在哪个区域游戏的幼儿最多，哪个最少。

小组活动时间	第一组—KDIs 25、31、46/ 第二组—KDI 40

第一组：字母和数字

活动材料

为每个幼儿提供以下材料。

- 大号字母（大写和小写）和数字。可以用记号笔写在硬纸板上或彩色美术纸上，或是用木头、硬纸板、镂花模板或剪纸等做的字母和数字。
- 为那些喜欢写字或喜欢沿线描字母或数字的儿童准备的纸张和书写工具。

此外，准备一张图纸，并分成三栏，第一栏表头写上"直线"，并画一个直线的标记；第二栏表头写上"曲线"，并画一个曲线的标记；第三栏表头写上"直线和曲线"，并同时画上两种线的标记。

活动开始

告诉幼儿，他们要观察一些字母和数字，请他们看看这些字母和数字中，哪些包含曲线，哪些包含直线，哪些既包含直线也包含曲线。挑出一个包含直线的字母，用你的手指沿着其中的笔画滑动，以此向幼儿展示什么是直线，并将之前在图表上做好的直线指给幼儿看。以同样的方式引导幼儿感知曲线。请幼儿开始探索这字母和数字，观察并感受这些符号不同的组成部分。鼓励幼儿说出这些字母和数字的名称，或由老师告诉他们字母和数字的名称。

活动过程

在幼儿探索的过程中，告诉他们字母和数字的名称，并对其组成部分进行描述，如可以使用"直的""圆的""环形""半圆""线""曲线""上""下""旁边""点"等词汇。当幼儿说出字母和数字是否包含直线或曲线部分时，你就在图表的相应位置写下那个字母或数字。鼓励对此感兴趣的幼儿在图表上或他自己的纸上同样写出或描出这些字母和数字，并描述一下它们的特征。

活动结束

大家一起数每一栏中的字母和数字。写下每一栏的总数，并说说哪组多，哪组少，或是一样多。把这些字母和数字放到幼儿选定的区域里，以备工作时间使用。

第二组：拼贴——美术用品和胶水

根据对本组幼儿的观察，选择拼贴活动的美术材料，如彩带、纸、纱线、纽扣、小石子、可回收物品、包装纸、金粉等。根据幼儿的喜好，选择三至四种不同的用品。同时要思考，通过这次活动，你想在哪些学习领域、在何种发展水平上为幼儿提供支持，这些思考将指导你与幼儿互动。

活动材料

为每个幼儿提供以下材料。

- 一个牢固的纸板基座。
- 一个装有拼贴用具的篮子。
- 一瓶胶水。

并为每人提供一些你选择的其他材料。

活动开始

给每名幼儿发一个装满拼贴材料的篮子，让他们想想可以用这些物品来做点什么。

活动过程

在幼儿中间走动，并观察他们是如何使用这些物品的。如果有需要，要把你准备的其他材料放在桌子中间。让你选择的发展经验领域指导你自己的语言，支持幼儿的活动。你还可以针对每个幼儿调整关注重点。

活动结束

活动结束前三分钟时提醒幼儿，告诉他们把拼贴作品放在某个地方晾干，并请幼儿帮忙把多余的拼贴材料放进各自的篮子里。然后让他们选择以何种方式进入下一活动环节。

大组活动时间　　　　　　　　　　　　　**KDI 24**

童谣:《滴答滴答滴》(*Hickory, Dickory, Dock* **)**

活动材料

- 一件打击乐器,如三角铁或木棒。

第一步

带着幼儿一起唱"我们要摇啊、摇啊、摇啊、摇啊",当所有幼儿都加入进来后再唱一段,结束时所有人都坐在地板上。

第二步

为了和孩子们一起唱《滴答滴答滴》,要先做一些准备活动。让幼儿想办法用手指快速向上走，然后再让手指跑下来。反复练习几次。

第三步

现在开始和幼儿一起分段唱童谣。首先大家一起说"滴答滴答滴"。当你唱到"小老鼠爬上钟表"时，要停顿一下，等着幼儿把手指向上伸，并朝着天花板抓挠，就像小老鼠爬上钟表时的动作。而当你唱到"钟敲了一下"时，让一名幼儿敲一下三角铁（木棒或其他打击乐器），其他孩子就赶紧把手缩回来，放回大腿上。然后继续再唱完最后一段。

第四步

唱过几遍之后，告诉幼儿，现在你要把"滴答滴答滴"的歌词全部改成发音以"/b/"为开头的词了。幼儿知道字母"B"发 /b/ 的音。那么新的童谣就是"bickory, bickory, bock"。依次类推，接下来还可以将歌词改成其他不同字母的发音，同时幼儿可以轮流敲击三角铁。

第五步

请幼儿像小老鼠一样进入一日常规的下一个活动环节。

其他 　　户外活动时间—KDIs 12、25、31/ 餐间谈话—KDIs 12、35

户外活动时间

和幼儿在户外游戏互动时，找机会把大家的注意力集中在游乐场里能看到的字母和数字上。例如，你可以说：

"我看见我们学校的标志上有字母 C–H–I–L–D。"

"围栏杆看上去很像数字 1 和字母 I。"

"人行道是 L 形的。"

餐间谈话

吃饭时，可以和幼儿讨论他们所坐的位置，用"中间""在……之间""在边上""旁边""对面""紧挨着"等词语来进行描述。你可以这样开始："可以用很多方式来描述我们所坐的位置……"

家园联系

和幼儿家长分享以下想法。

晚上给孩子洗澡时，为他提供种类丰富、大小不一的塑料用品，如量勺、量杯、带盖子的黄油罐和酸奶瓶。说出孩子是如何把它们拼装起来的。在孩子洗澡时，可以聊一聊他首先做了什么，其次做了什么，再次又做了什么。例如，可以说："你先洗了脸，接着洗了洗脚指头，然后又洗了大腿。"

观察

记录你所观察到的幼儿言行。你
可以复制附录中的表格来做记录。

 后续工作

写下自己关于后续工作的思考，
并复制附录中的表格进行记录。

第 28 天

问候时间　　　　　　　　　　　KDIs 12、24、25、26、29

教师 2

当幼儿进入班级时，在门口向他们问好。所有幼儿都到齐后，跟教师 1 一起阅读。

教师 1

挑选十本左右的图书，摊开，摆放在地板上，跟幼儿一起读书（提示：这段时间应掌握在 15 分钟之内）。阅读结束时，唱一支简单的过渡歌曲。

公告板

在公告板上画出清理时间的图标，并写上"清理"字样，同时画一双眼睛。帮助幼儿理解这一信息，即在清理时间内，幼儿将玩一玩"视觉大发现"游戏。完整描述参见今天的"清理时间"。

按照你的想法编写一些其他信息。

计划时间　　　　第一组—KDI 2/ 第二组—KDIs 2、29、40

第一组：根据幼儿的兴趣选择角色

翻阅你的幼儿观察记录，选择一个幼儿感兴趣的动物或人物玩偶，如小狗、猫、恐龙等。然后，请幼儿用这个角色的动作和声音说一说，他今天的工作计划。例如，你可以这样问："机器人卡罗琳，能告诉我你今天的计划是什么吗？"

第二组：计划故事

活动材料

为每个幼儿提供以下材料。

■ 一个装订好的空白本。

■ 蜡笔。

此外，需要准备一些小的区域卡片。

提前为每名幼儿准备一个简单装订的空白本，封面上有幼儿的名字及其个性化图标。在计划时间里，把本子和蜡笔发给幼儿，并告诉他们可以用蜡笔在本子里写出或画出今天工作时间的计划。桌子上的小区域卡片很有用，孩子们可以照着卡片抄写区域的名称或其中的某些字母。幼儿完成了他们的计划故事后，让他们讲一讲都画了或写了些什么。一些幼儿或许想说出自己的计划，并请你记录下来。在所有幼儿都讲完后，把这些故事书放在旁边，一会儿的回顾时间里还要用到它们。

工作时间	KDIs 1、12、13、40、43，以及你设计的课程内容

和教学团队中的教师们一起提前翻阅本班的幼儿观察记录，选择一项你们从没观察到的课程内容（关于课程内容领域和 COR 分类与评价项目，参见本书引言）。大家进行头脑风暴，想出有助于支持该领域中幼儿活动的语言。在工作时间里，在和幼儿进行互动时，找机会实践这些支持性的语言。例如，当幼儿搭积木时，在水盘里玩勺子和桶时，在美工区制作拼贴画时，甚至在娃娃家假装做饭时，你可以用这些词语来描述相同与不同。（科学和技术，KDI 46. 分类；COR 项目 BB，观察与分类）

清理时间	KDIs 11、50

像往常一样，在工作时间结束前的十分钟和五分钟分别对幼儿进行提示，如可以这样告诉他们："今天的清理时间要玩'视觉大发现'这个游戏。"两位教师可以把幼儿分成几个小组，然后给他们一些提示，让他们找找要清理的东西。例如，你可以说："我发现一个白色的东西，你可以用它来舀东西……它和'beasuring bups'谐音。对了！就是量杯（measuring cups）！"当幼儿熟悉了这个游戏的玩法之后，他们就可以互相给出线索去"侦查"了。

第一组：回顾两件事

发给每名幼儿一张纸，上面标有数字1和2（参见下图）。告诉他们，可以写出或画出刚才工作时间里他们所做的两件事。

萨拉（Sarah）解释说，她的回顾图画想表达的是：（1）她刚才是和约翰（John）一起玩的；（2）他们在娃娃家里一起给他们的宝宝做汤喝。

第二组：回顾故事

用刚才做计划时用过的本子，请幼儿用蜡笔写出或画出他们的回顾故事。桌子上的小区域卡片很有用，幼儿可以照着卡片抄写区域名称或其中的某些字母。幼儿完成了回顾故事后，可以让他们讲一讲都画了或写了些什么。一些幼儿或许想让你记录下他们说的话。他们可以把这本书带回家并读给家人听。

> **小贴士：** 还有一个利用计划（回顾）书的方法。装订这本书的时候一定要有10页纸。在一年的课程中，你可以定期用它来做计划和回顾活动。每页上都标清日期。年终时，你将得到一份绝好的能够反映幼儿书写和绘画能力发展的记录档案，并可以在年终家长会上分享。

第一组：没玩过的材料

根据你对本组幼儿的观察，从活动室里选择一件幼儿从未玩过的材料。你可以利用小组活动时间再次向幼儿介绍这件物品。如果几天后，你发现孩子们仍然没有用到这件物品，就可以把它从活动室里拿走，而用另一件新的活动材料取而代之。

活动材料

■ 给每名幼儿发一套你挑选的他们从未玩过的材料。

活动开始

告诉幼儿，昨天他们回家后，你整理活动室时，在_____区域的架子上发现了这个物品（你选择的活动材料）。告诉幼儿，你觉得他们或许会想试试看，在今天的小组活动里，他们可以用这件东西做点什么。

活动过程

给幼儿一些时间来探索这件材料，同样你也可以用这段时间来进行探索。**在幼儿中来回走动，并对他们探索这**

件材料的举动做出点评。可以围绕着幼儿操作材料的相似与不同来进行评论，例如："埃拉（Ella）和BJ都在把材料摆起来，而那威（Naveh）则是把材料摆成长长的直线。"你也可以亲自尝试一下，按照幼儿的想法以不同的方式操作这些材料。

活动结束

请幼儿帮你把活动材料放回整理箱，并和你一起把整理箱放到_____区域的架子上。这样他们就知道材料的存放位置了，以后想用时也容易找到。请幼儿左右摇摆着身体，进入下一项常规活动。

第二组：不曾涉及的课程内容

根据你对本组幼儿的观察，选择一项幼儿没有涉及过的课程内容领域或关键发展指标（KDI）（关于课程内容分类与关键发展指标，参见本书引言中的相关内容）。在这次小组时间里，请你帮助幼儿选择一些材料，使他们进入到上述未涉及过的课程内容中，并发展相对应的关键发展指标所描述的能力。例如选择蜡笔，进行绘画（艺术创造）；选择乐器，伴随音乐进行舞动（艺术创造）；选择贝壳、冰块盒等，

对物品进行分类（科学和技术）；选择不同大小的树枝和橡皮筋，用来比较事物的特征（科学和技术）；选择玩假装游戏所需的人物玩偶和积木块进行游戏（艺术创造）；选择用来装运物品的豆袋和桶进行运动（身体发育和健康）；等等。

活动材料

■ 给每名幼儿提供一套你选择的材料。

活动开始

发给每名幼儿一套活动材料，简要说明他们今天将用这些材料做些什么。

活动过程

观察幼儿如何与材料互动，并使用一些与你所选择的"未曾涉及的课程内容领域与关键发展指标"相关的话语。你也可模仿幼儿的方式操作这些活动材料。一定要随着幼儿的想法走。即使幼儿用你完全想象不到的方式操作材料也没问题，无论怎样操作都很好。

活动结束

请幼儿帮你一起把材料收拾好。共同选择一种方式进入下一项常规活动。

 大组活动时间　　　　　　　　　　　　　　**KDIs 16、25、42**

和字母一起跳舞
活动材料
■ 大号的木质的或塑料的字母（确

保每个幼儿和教师都有）。
■ 方毯。
■ 一段没有歌词的乐曲。

第一步

带着幼儿一起唱"我们要摇啊、摇啊、摇啊",当所有幼儿都加入进来后再唱一段,结束时请每名幼儿拿一块方毯并坐在上面。可以这样对幼儿说:"今天,我们要在方毯上拿着字母跳舞。"把字母分发给幼儿。如果可以,尽可能发给幼儿名字里包含的字母。

第二步

播放音乐,并模仿幼儿用字母做出的动作,例如:

- 把字母拿在身体前面跳舞。
- 把字母高高举起跳舞。

- 把字母放在方毯上,然后从上面跳过去。

第三步

问一问幼儿,他们可以怎样拿着自己的字母跳舞,并按照他们的想法试一试。记住,不是所有幼儿都想按照你的或同伴的想法去跳,他们或许想在自己的方毯上按自己的想法来跳。这样也完全可以。

第四步

告诉幼儿这是最后一支舞了,音乐停止后,他们要把字母放回整理箱,并且一边跳舞一边进入下一个活动环节。

其他　　　　　　户外活动时间 / 餐间谈话:你设计的课程内容

户外活动时间

继续运用与"未曾涉及的课程内容"相关的语言和幼儿互动(参见今天的"工作时间")。

餐间谈话

吃饭时和幼儿聊一聊,今天的工作时间他们和谁在一起,都做了些什么。请他们聊聊一起工作的情形,以及遇到问题时是如何共同解决的。如果有的幼儿说他没和任何人玩,你也可以这样表示认可:"亨利(Henry),你今天选择了独自工作。"

观察

记录你所观察到的幼儿言行。你可以复制附录中的表格来做记录。

后续工作

- 把这周用过的字母和数字添加到艺术区或玩具区。

- 写下自己关于后续工作的思考,并复制附录中的表格进行记录。

第 29 天

根据今天的课程计划，添加你所想到的关键发展指标（KDIs）。

问候时间

你设计的课程内容

教师1

当幼儿进入班级时，在门口向他们问好。所有幼儿都到齐以后，跟教师2一起阅读。

教师2

挑选十本左右的图书，摊开，摆放在地板上，跟幼儿一起读书（提示：这段时间应掌握在15分钟之内）。阅读结束时，唱一支简单的过渡歌曲。

公告板

用胶带把昨天大组活动时用到的字母和数字粘在公告板上，并画上艺术区和坑具区的区域标志，表示你已经把字母和数字投放到了这两个区域，并帮助幼儿阅读和理解这条消息。

按照你的想法编写一些其他信息。

计划时间

第一组和第二组：你设计的课程内容

第一组：拼搭玩具

活动材料

■ 拼搭玩具零件。

■ 区域卡片。

选择一种本班幼儿喜欢玩的拼搭玩具，如乐高、拼插积木、木制积木等。把区域卡片放在桌子上，每张卡片旁放一个大点的玩具底座或大块积木。发给每名幼儿一块积木。在幼儿向你讲述他的计划时，他可以把积木放在想要工作的区域卡片旁的玩具底座上。随着越来越多的幼儿制订了计划，你可以和其他幼儿一起评论这个越来越大的建筑物。例如，可以这样说："这个艺术区的建筑真是越变越大了，而娃娃家的那个还很小。"

第二组：根据幼儿的兴趣选择角色

翻阅你的幼儿观察记录，选择一个幼儿感兴趣的动物或人物玩偶，如小狗、猫、恐龙等。然后你扮演成这个动物或人物，用这个角色的动作和声音问一问幼儿，他今天的工作计划是什么。例如，你可以这样问："机器人卡罗琳，能告诉我你今天的计划是什么吗？"

工作时间　　　　　　　　　　　　　　　　　**你设计的课程内容**

和教学团队中的教师们一起提前翻阅本班幼儿观察记录，选择一项你们从没观察到的课程内容（关于课程内容领域和 COR 分类与评价项目，参见本书引言）。大家进行头脑风暴，想出有助于支持该领域幼儿活动的语言。在工作时间里，在和幼儿进行互动时，寻找机会使用这些支持性的语言。例如，当幼儿搭积木时，在水盘里玩勺子和桶时，在美工区制作拼贴画时，甚至在娃娃家假装做饭时，你都可以用一些表示相互比较的词汇（如，科学和技术，KDI 46；分类，COR 项目，BB. 观察与分类）。

清理时间　　　　　　　　　　　　　　　　　**你设计的课程内容**

像往常一样，在工作时间结束前的十分钟和五分钟，分别对幼儿进行提示，可以这样告诉他们："今天的清理时间我们需要大家使出力气来。"请幼儿试一试可以同时拿多少件物品并收拾好。大部分幼儿会数数他们手里正拿着几件物品。有些幼儿则可能会数一数他们总共已经收拾了几件物品。在你要一边帮助他们收拾活动材料，一边认可幼儿的以上两种回答。

回顾时间　　　　　　　　　　　　　　　　　**你设计的课程内容**

第一组：地图

活动材料

■ 活动室地图。

■ 玩具车。

在这个活动中，你将用到第 23 天和第 25 天"计划时间"里曾用到过的简明活动室地图，上面画有区域标志及名称。发给每名幼儿一辆小汽车，每次让一名幼儿开着自己的小车去地图中找到自己工作过的区域。询问幼儿具体都做了些什么，以拓展幼儿的回顾。引导其他幼儿也加入讨论，请他们也说说是否看到正在回顾活动的幼儿在工作时间里都做了些什么。

第二组：回顾两件事

发给每名幼儿一张纸，上面标有数字 1 和 2（参见下图）。请他们写出或画出刚才在工作时间里做的两件事。

莎拉解释说，她的回顾图画想表达的是：（1）她刚才是和约翰一起玩的；（2）他们在娃娃家里一起给他们的宝宝们做汤喝。

小组活动时间 · 第一组和第二组：你设计的课程内容

第一组：不曾涉及的课程内容

根据你对本组幼儿的观察，选择一项幼儿没有涉及过的课程内容领域或关键发展指标（KDI）（关于课程内容分类与关键发展指标，参见本书引言中的相关内容）。在这次小组时间里，请你帮助幼儿选择一些材料，使他们进入到上述未涉及过的课程内容中，并发展相对应的关键发展指标所描述的能力。例如选择蜡笔，进行绘画（艺术创造）；选择乐器，伴随音乐进行舞动（艺术创造）；选择贝壳、冰块盒等，对物品进行分类（科学和技术）；选择不同大小的树枝和橡皮筋，用来比较事物的特征（科学和技术）；选择玩假装游戏所需的人物玩偶和积木块进行游戏（艺术创造）；选择用来装运物品的豆袋和桶进行运动（身体发育和健康）；等等。

活动材料

■ 给每名幼儿提供一套你选择的材料。

活动开始

发给每名幼儿一套活动材料，简要说明他们今天将用这些材料做些什么。

活动过程

观察幼儿如何与材料互动，并使用一些与你所选择的"未曾涉及的课程内容领域与关键发展指标"相关的话语。你也可模仿幼儿的方式操作这些活动材料。一定要随着幼儿的想法走。即使幼儿用你完全想象不到的方式操作材料也没问题，无论怎样操作都很好。

活动结束

请幼儿帮你一起把材料收拾好。共同选择一种方式进入下一项常规活动。

第二组：组合材料——小型积木和玩偶

在这个活动中，你会发现，在为本小组选择一套小型建筑玩具时，以往对幼儿的观察记录很有帮助。选择一套你曾经看到幼儿玩过的建筑玩具，如乐高、得宝、拼插积木或林肯积木等。同时再挑选一些幼儿感兴趣的玩偶，如小人、恐龙、农场动物等，供幼儿将这些玩偶和他们的建筑物组合起来。

活动材料

■ 为每位幼儿提供一个篮子，里面装有建筑玩具和几个玩偶。

活动开始

请幼儿闭上眼睛用心倾听，你轻轻敲击积木或把几块积木拼插在一起。请幼儿猜猜你在做什么。然后让幼儿睁开双眼看一看，并发给他们每人一个篮子，里面有积木和玩偶。告诉他们，可以开始玩积木了。你自己也拿一篮子积木。观察幼儿怎么玩积木，并模仿他们的动作。

活动过程

在幼儿之间来回走动，并对幼儿所做的行为**做出具体的评论**。例如："你把所有的积木叠起来，建了一座塔。""你把红色的积木放在了这边，黄色的放在了那边。"不要问幼儿他正在搭什么，或许他正在探索中，自己也没有什么明确的想法，没关系的。你可以这样说："能告诉我你正在做什

么吗？"当小组活动时间进行到一半时，把动物或其他玩偶放在桌子上，并说："有的小朋友可能想把这些玩偶放进你的建筑物里。"一些幼儿会用到玩偶，而另外一些可能并不会把玩偶放到他的建筑里，无论怎样都可以。

活动结束

在活动结束前的三分钟对幼儿进行提示。三分钟后，请幼儿拆掉他们的建筑，将积木和玩偶分类放回篮子里。然后，请幼儿模仿他最喜欢的玩偶的样子，进入下一个活动环节。

大组活动时间	你设计的课程内容

从之前的活动中生发的想法

第一步

带着幼儿一起唱"我们要摇啊、摇啊、摇啊"，当所有幼儿都加入进来后再唱一段，结束时所有人都坐在地板上。

第二步

基于此前的活动，实施你的计划。

你的计划是：

第三步

创造一种新的过渡方式，幼儿可以用这种方式进入一日常规的下一环节。

其他	你设计的课程内容

餐间谈话

用餐时，邀请幼儿和你一起来玩用人名开始的同音词造句游戏。用大家都熟悉的名字来开头，然后接出有着相同起始发音的句子或词组。例如，

你可以说："卡拉踢袋鼠（Karla kicked kangaroos）。""戴维骑恐龙（David drove dinosaurs）。"说完每个词语后都适当停顿，并逐渐让幼儿理解这个游戏的玩法。

教师："Mary made..."

幼儿："Messes！"

教师："Nita needs..."

幼儿："Necklaces！"

幼儿可能会想出发音相似的词语，也可能想不出来。接受幼儿的想法，但如果幼儿总是想不出来，你或许可以给他们一点暗示。

教师："Mary made.../m/.../m/..."

幼儿："Monkeys！"

观察

记录你所观察到的幼儿言行。你可以复制附录中的表格来做记录。

后续工作

根据你对幼儿的观察，复制附录中的表格，完成明天的计划。

第 30 天

根据今天的课程计划，添加你所想到的关键发展指标（KDIs）。

问候时间　　　　　　　　　　你设计的课程内容

教师 2

当幼儿进入班级时，在门口向他们问好。所有幼儿都到齐后，跟教师 1 一起阅读。

教师 1

挑选十本左右的图书，摊开，摆放在地板上，跟幼儿一起读书（提示：这段时间应掌握在 15 分钟之内）。阅读结束时，唱一支简单的过渡歌曲。

公告板

按照你的想法编写一些信息。

在信息板上粘贴两个"不上学日"标志，并向幼儿解释图标的意思，提醒他们待在家里休息两天后再重返幼儿园。

计划时间　　　　　　第一组和第二组：你设计的课程内容

第一组：计划故事

活动材料

为每个幼儿提供以下材料。

- 一个装订好的空白本。
- 蜡笔。

此外，需要准备一些小的区域卡片。

提前为每名幼儿准备一个简单装订的空白本，封面上有幼儿的名字及其个性化图标。在计划时间里，把本子和蜡笔发给幼儿，并告诉他们可以用蜡笔在本子里写出或画出今天工作时间的计划。桌子上的小区域卡片很有用，孩子们可以照着卡片抄写区域的名称或其中的某些字母。幼儿完成了他们的计划故事后，让他们讲一讲都画了或写了些什么。一些幼儿或许想说出自己的计划，并请你记录下来。在所有幼儿都讲完后，把这些故事书放在旁边，一会儿的回顾时间里还要用到它们。

第二组：拼搭玩具

活动材料

- 拼搭玩具零件。
- 区域卡片。

选择一种本班幼儿喜欢玩的拼搭玩具，如乐高、拼插积木、木制积木等。把区域卡片放在桌子上，每张卡片旁放一个大点的玩具底座或大块积木。发给每名幼儿一块积木。在幼儿向你讲述他的计划时，他可以把积木放在想要工作的区域卡片旁的玩具底座上。随着越来越多的幼儿制订了计划，你可以和其他幼儿一起评论这个越来越大的建筑物。例如，可以这样说："这个艺术区的建筑真是越变越大了，而娃娃家的那个还很小。"

工作时间 你设计的课程内容

和教学团队中的教师们一起提前翻阅本班幼儿观察记录，选择一项你们从没观察到的课程内容（关于课程内容领域和 COR 分类与评价项目，参见本书引言）。大家进行头脑风暴，想出有助于支持该领域幼儿活动的语言。在工作时间里，在和幼儿进行互动时，寻找机会使用这些支持性的语言。例如，当幼儿搭积木时，在水盘里玩勺子和桶时，在美工区制作拼贴画时，甚至在娃娃家假装做饭时，你都可以用一些表示位置和方向的词汇（如，数学，KDI 35. 空间意识）。

清理时间 你设计的课程内容

回顾你所使用过的清理策略，从中选择一个，重复做一遍。像往常一样，在工作时间结束前的十分钟和五分钟分别对幼儿进行提示，可以这样对他们说："今天，我们要这样来清理活动材料_____。"

回顾时间 第一组和第二组：你设计的课程内容

第一组：回顾故事

用刚才做计划时用过的本子，这次请幼儿用蜡笔写出或画出他们的回顾故事。桌子上的这些小区域卡片很有用，孩子们可以照着卡片写出区域名称或其中的某些字母。当幼儿完成了自己的回顾故事后，可以让他们讲一讲都画了或写了些什么。一些幼儿或许想让你记录下他们说的话。这样，他们可以把这本书带回家并读给家人们听。

第二组：地图

活动材料

■ 活动室地图。

■ 玩具车。

在这个活动中，你将用到第 23 天和第 25 天"计划时间"里曾用到过的简明活动室地图，上面画有区域标志及名称。发给每名幼儿一辆小汽车，每次让一名幼儿开着自己的小车去地图中找到自己工作过的区域。询问幼儿具体都做了些什么，以拓展幼儿的回顾。引导其他幼儿也加入讨论，请他们也说说是否看到正在回顾活动的幼儿在工作时间里都做了些什么。

 小组活动时间 **第一组和第二组：你设计的课程内容**

第一组：组合材料——小型积木和玩偶

在这个活动中，你会发现，在为本小组选择一套小型建筑玩具时，以往对幼儿的观察记录很有帮助。选择一套你曾经看到幼儿玩过的建筑玩具，如乐高、得宝、拼插积木或林肯积木等。同时再挑选一些幼儿感兴趣的玩偶，如小人、恐龙、农场动物等，供幼儿将这些玩偶和他们的建筑物组合起来。

活动材料

■ 为每位幼儿提供一个篮子，里面装有建筑玩具和几个玩偶。

活动开始

请幼儿闭上眼睛用心倾听，你轻轻敲击积木或把几块积木拼插在一起。请幼儿猜猜你在做什么。然后让幼儿睁开双眼看一看，并发给他们每人一个篮子，里面有积木和玩偶。告诉他们，可以开始玩积木了。你自己也拿一篮子积木。观察幼儿怎么玩积木，并模仿他们的动作。

活动过程

在幼儿之间来回走动，并对幼儿所做的行为**做出具体的评论**。例如：

"你把所有的积木叠起来，建了一座塔。""你把红色的积木放在了这边，黄色的放在了那边。"不要问幼儿他正在搭什么，或许他正在探索中，自己也没有什么明确的想法，没关系的。你可以这样说："能告诉我你正在做什么吗？"当小组活动时间进行到一半时，把动物或其他玩偶放在桌子上，并说："有的小朋友可能想把这些玩偶放进你的建筑物里。"一些幼儿会用到玩偶，而另外一些可能并不会把玩偶放到他的建筑里，无论怎样都可以。

活动结束

在活动结束前的三分钟对幼儿进行提示。三分钟后，请幼儿拆掉他们的建筑，将积木和玩偶分类放回篮子里。然后，请幼儿模仿他最喜欢的玩偶的样子，进入下一个活动环节。

第二组：没玩过的材料

根据你对本组幼儿的观察，从活动室里选择一件幼儿从未玩过的材料。你可以利用小组活动时间再次向幼儿介绍这件物品。如果几天后，你发现孩子们仍然没有用到这件物品，就可以把它从活动室里拿走，而用另一件新的活动材料取而代之。

活动材料

■ 给每名幼儿发一套你挑选的他们从未玩过的材料。

活动开始

告诉幼儿，昨天他们回家后，你整理活动室时，在＿＿＿＿＿区域的架子上发现了这个物品（你选择的活动材料）。告诉幼儿，你觉得他们或许会想试试看，在今天的小组活动里，他们可以用这件东西做点什么。

活动过程

给幼儿一些时间来探索这件材料，同样你也可以用这段时间来进行探索。**在幼儿中来回走动，并对他们探索这**件材料的举动做出点评。可以围绕着幼儿操作材料的相似与不同来进行评论，例如："埃拉（Ella）和 BJ 都在把材料摆起来，而那威（Naveh）则是把材料摆成长长的直线。"你也可以亲自尝试一下，按照幼儿的想法以不同的方式操作这些材料。

活动结束

请幼儿帮你把活动材料放回整理箱，并和你一起把整理箱放到＿＿＿＿＿区域的架子上。这样他们就知道材料的存放位置了，以后想用时也方便找到。请幼儿左右摇摆着身体，进入下一项常规活动。

大组活动时间	你设计的课程内容

丢沙包

活动材料

给每个幼儿和教师提供

■ 一个沙包或海绵。

■ 一个容器，如小桶或小箱子、鞋盒、大酸奶罐等。

第一步

带着幼儿一起唱"我们要摇啊、摇啊、摇啊"，当所有幼儿都加入进来后再唱一段，结束时所有人都坐在地板上。发给每个幼儿一个沙包、一个小桶（或其他容器），然后鼓励他们把沙包丢进桶里。

第二步

在幼儿丢沙包时，按照他们所处的游戏水平来成为他们的搭档。有些幼儿可能需要更多的鼓励，而有些则受益于你提出的更富挑战的投掷方式。

"当我投不进去时，我就把桶放近一点。这就是我的解决办法。"

"埃文（Evan），你总是能投中，你有没有尝试把桶放远一点呢？"

第三步

自然地结束活动，让孩子们再尝试一次丢沙包，然后把小桶收起来。在教室中间放一个大容器，鼓励孩子们把沙包丢进大容器中。然后让孩子们以跳跃的方式开始下一项活动。

其他   **你设计的课程内容**

餐间谈话

进餐时，和幼儿谈论他们正在吃的和喜欢吃的食物。不要对幼儿的回答做出对或错的回应，而是通过你的评论扩展幼儿的思维。例如，你可以说："一些人的确喜欢吃糖。我还喜欢吃苹果——它们吃起来脆脆的。"

家园联系

和幼儿家长分享以下想法。

和你的孩子分享你今天都做了些什么。你或许可以用这样的开场白展开回顾："我想和你一起回顾我的一天。"如果你需要出门工作，可以告诉孩子你从事的是怎样的工作，以及你具体的工作任务是什么。如果你在家工作，就你可以告诉孩子你在这一天当中所做的所有事情。

观察

记录你所观察到的幼儿言行。你可以复制附录中的表格来做记录。

后续工作

复制附录中的表格，写下自己关于后续工作的想法。

建立在所学基础上的第 6 周总结

本周你在本班活动室开展了如下工作。

- 每位教师每天至少完成六篇幼儿观察记录。
- 将幼儿观察记录与具体的课程内容相对应。
- 根据对幼儿的观察，为他们设计了有针对性的课程计划。
- 明确了你设计的活动所包含的课程内容。

幼儿在以下方面得到重点支持和帮助。

- 与活动室中的成人和其他幼儿建立关系。
- 表达自己的计划、选择和意图。
- 参与那些能够支持其发展的课程活动，包括如下方面。

  学习品质

  社会性和情感发展

  身体发展和健康

  语言、读写和交流

  数学

  创造性艺术

  科学和技术

  社会学习

通过运用如下高瞻课程互动策略，你的师幼互动技能得以发展。（加黑部分是本周使用到的新策略）

- 为幼儿提供安慰与交流。
  - 寻找需要安慰与交流的幼儿。
  - 为幼儿提供其喜爱的肢体交流方式。
  - 为幼儿提供简单的认可。
  - 肯定幼儿的感受。
- 参与幼儿的游戏。
  - 参与游戏并跟幼儿处于同一水平。
  - 与幼儿一起进行平行游戏。
  - 利用对幼儿活动的观察和评论，作为加入幼儿活动的开场。
  - 寻找一种自然的开场方式，加入幼儿活动。
    - 参加幼儿游戏前，先确定活动类型，如探索性游戏、角色扮演游戏、建构游戏或规则游戏。
  - 由幼儿掌控活动进程，教师仅是参与者。
- 与儿童交谈。
  - 寻找自然的谈话时机。
  - 对幼儿发起的谈话予以积极回应。
- 以同伴的身份与幼儿交谈。
- 抓住任何机会将谈话的主动权交还给幼儿。
  - 紧扣幼儿发起的话题。
  - 为了使交谈继续下去，教师可以稍加评论，但不要强迫幼儿回答。

—在进行下一轮的交谈之前，要等待幼儿的回应。

■ 提问要便于回答。

—提问要简洁。

—直接围绕幼儿正在做的事情提问。

—就幼儿的思考过程提出问题。

■ 鼓励幼儿解决问题。

　□ 把同伴推荐给幼儿，以有助于问题的解决。

■ 鼓励幼儿，而不表扬。

　□ 参与幼儿的游戏。

　□ 鼓励幼儿描述他们自己的努力、想法和成果。

　□ 重复、重述幼儿的话语。

　□ 利用语言交流为学前儿童观察评价记录表（COR）中未曾涉及的领域提供支持。

如何为幼儿设计你自己的课程计划

到此为止，通过使用我们的课程计划，你已经体验到了什么是高瞻课程，现在你就可以开始设计自己的课程了！首先，制订你自己的课程计划表。我们的建议是，越简单越好——以本书中的格式为蓝本，根据你的一日常规稍加修改即可。

一旦拥有了你自己的课程计划表，你就为计划过程做好准备了。尽可能和你的教师团队一起制订计划。教学团队的所有教师坐在一起，翻看你们的幼儿观察记录，并自问自答以下这些问题。

- 我今天看到幼儿都做了些什么？
- 他们的行为说明他们的发展水平如何？他们的兴趣是什么？
- 我可以提供什么样的活动材料、如何与幼儿互动，以支持和促进他们的游戏与学习？

以下是制订课程计划的过程示例

首先，考虑幼儿的发展水平。

发展水平 ➡ 杰娜（Jenna）可以用 1—2 个词来回答问题。

而后，确认幼儿的兴趣。

兴趣 ➡ 幼儿很喜欢玩家长捐给班里的硬纸筒。

综合考虑幼儿的发展水平和兴趣，得出课程计划的思路。

计划想法 ➡ 计划时间，我会请幼儿通过硬纸筒向外看，然后请他们告诉大家，他想在工作时间里做点什么。

设计并运用教师支持策略，使活动适合班里所有幼儿的发展水平区间。

发展区 ➡ 杰娜可以用 1—2 个词来回答问题，亨利（Henry）的回答中包含了复合主语或宾语。

我的策略 ➡ 对于像杰娜这样的孩子——她可以指着或用几个词说出她想要做什么、想玩什么——我就可以用评论认可她所说的话。

我的策略 ➡ 对于像亨利这样的孩子，我就可以请他说出更详细的工作计划。

- 他们还会用哪些材料？
- 他们准备和其他人一起玩吗？
- 整个工作时间，他们都会做这个吗？
- 他们想制订第二套计划吗？

在制订课程计划时，教师还可以考虑具体的有针对性的课程内容领域（KDIs 和 COR 项目及活动室已有材料）。

第 7 章

数字加活动案例：学前数学教育活动

2 坐小船的小熊

幼儿通过增加或减少一块积木来数一数"乘船"的小熊（或其他小物品）的数量。

活动时间	前期活动准备	内容领域	主题
小组活动	无	数感和操作	加减，点数

活动材料

每位幼儿和教师所需要的活动材料如下。

- 10 个计数用的小熊（其他小的物品或小动物也可）。
- 长方形积木，长度可以摆放 10 个计数小熊（也可以用毛巾或餐巾替代积木，只要幼儿可以在桌面上拖动自如就可以）。

共用材料

- 无。

备用材料

- 塑料纸。
- 备用积木。
- 故事道具，如用蓝色的桌布或蓝色的纸代表水。

活动开始

- 用这样的话语来开场："积木是条船，四只小熊来坐船。"一边在积木上摆放小熊，一边点数。假装要开船载小熊一程。
- 拿下来几只小熊，然后问问幼儿："这一次，小船上要坐几只小熊呢？"根据幼儿所说的数量，一边数数一边假装开船载小熊一程。
- 为每名幼儿发一套活动材料，引导他们用小熊和积木讲故事。

活动过程

- 观察幼儿使用材料的情况。问一问幼儿，他们的船上又上来了几只小熊，下去了几只小熊。询问幼儿几个开放性的问题，帮助他们拓展关于小熊和积木的故事。[例如："小熊看望了奥玛（Oma）后还要去哪儿？"]

• 引导幼儿将更多的积木、塑料纸或其他道具运用到故事中去。

活动结束

• 提醒幼儿，游戏活动即将结束。

• 和幼儿一起将小熊和积木放回原处。告诉幼儿这些材料在教室中的存放地点，以便他们在工作时间使用。

• 鼓励幼儿模仿小船上的小熊进入下一项活动。帮助他们清点排队或参与活动的人数。

在后续活动中，可以鼓励幼儿把小熊按照"家庭"进行分类（依据不同颜色或大小），或者按照简单的形式进行排列。

为每个发展水平提供支架

早期	中期	后期
幼儿可能	幼儿可能	幼儿可能
• 尝试尽量在积木上摆放更多小熊。 • 不用具体的或实际的数字来说明要在积木上摆放几只小熊（如这次放许多只；一千只小熊）。 • 不按数字的顺序来数（如1、8、3、2、10）。 • 按照数字的顺序计数，但会多计或少计小熊的数量。	• 在增减积木上的小熊时，使用比较性的词语，如更多、更少和相同。 • 最多数到 10。 • 当被问道"你有多少只小熊"时，再数一遍，然后回答，而不是仅仅回答一个得数。	• 当被问道"你有多少只小熊"时，只回答数到的最后一个数字。 • 增加或减少船上的小熊，然后再重新数一遍。 • 将自己的积木船和别人的积木船并在一起，这样他们就能在船上摆放更多的小熊。 • 能数到 10 以上。

教师可以

- 对幼儿的行为做出评论，并拓展他们的工作（如："你在小船上摆放了很多小熊，我想知道到底有多少只。"）和幼儿一起数一数小熊的数量，一个数对应一只小熊，逐个清点。

- 描述幼儿是如何计数的，并示范点数（如："你数了好多数。我来依次数一数，1、2、3……"）

- 将小熊在积木上整齐地排成一行，并鼓励幼儿将自己的小熊也排成一行。然后伸出手指一只一只点数，同时大声说出积木上小熊的数量。

教师可以

- 问问幼儿是怎样知道船上小熊的数量的。

- 增加船上小熊的数量，并进行评论："我加了几只小熊。现在船上的小熊更多了。"在增加船上小熊的前后，都要数一遍小熊的数量。数完后再重复最后的数字，作为总数。

- 减少船上小熊的数量，并进行评论："我减少了几只小熊。现在船上的小熊更少了。"在减少船上小熊的前后，都要数一遍小熊的数量。数完后再重复最后的数字，作为总数。

教师可以

- 在船上摆放十只以上的小熊，并和幼儿一起数一数。

- 幼儿增加或减少小熊的数量时，询问他们："现在船上有几只小熊？"

- 问一问幼儿是否可以在他们的船上增加或减少小熊的数量。如果幼儿回答"可以"，接着问："我可以增加（减少）几只呢？现在船上有几只了？"

- 问一问幼儿："你能帮我在船上放三只小熊吗？"然后和他们一边放，一边数一数。

- 鼓励幼儿搭建更长的小船（可以将积木并在一起），和幼儿数一数小熊的总数，并问问他们变成大船后，船上有几只小熊。

后续活动

- 在工作时间，用空心大积木建造一条大船，看看里面能装几名幼儿。
- 鼓励幼儿按照一定的形式排列计数小熊（或活动中使用的其他物品），如按照不同的颜色或大小。
- 相关活动：4. 保龄球和豆袋；5. 十个保龄球；9. 数蜡烛；15. 点卡或其他物品；30. 掷骰子；32. 旋转硬币。

10 数数比萨上的图形

请幼儿数一数橡皮泥比萨上有多少不同的图形，并描述不同图形的特点。

活动时间	前期活动准备	内容领域	主题
小组活动	2. 比较形状（几何）	数感和操作	比较与排序（数量），数数；形状（几何）

活动材料

幼儿和教师所需要的活动材料如下。

- 一些毛毡或塑料制成的圆形、三角形和长方形（要小一点，要能在"比萨"上摆放）。
- 一团橡皮泥。
- 擀面杖。

共用材料

- 无。

备用材料

- 饼干模具。
- 其他毛毡或塑料图形（如菱形、六边形）。

活动开始

- 教师开场时先向幼儿介绍自己最喜欢的比萨种类。然后问问他们最喜欢哪种比萨。再问问他们以前有没有做过图形比萨。

- 在桌子上摆放三种图形，并告诉幼儿："这里有三种形状，三角形、圆形和长方形。我想看看把它们放在比萨上会不会合适。"认可幼儿的回答。

- 选择一种图形，并告诉幼儿："我喜欢三角形。我要在比萨上放3个三角形。"擀好橡皮泥饼坯，数出3个三角形，并放在比萨上。

- 给每名幼儿发一套图形、一团橡皮泥、一根擀面杖，然后问问他们："你们想要做什么呢？"

活动过程

- 鼓励幼儿将图形分类，说一说它们的名称并清点数量。为愿意接受额外挑战的幼儿介绍新的图形，让他们进行描述。
- 教师描述（并鼓励幼儿描述）哪个比萨上的图形的数量更多或更少，或一样多。
- 鼓励幼儿讨论一下不同形状的特点，特别是边（面）或顶点（角）的个数。

活动结束

- 提醒幼儿，比萨店快要关门了。和幼儿一起收拾活动材料。
- 告诉幼儿这些材料在教室中的存放地点，以便他们在工作时间使用。
- 告诉幼儿："把圆形放在比萨上的小朋友可以去进行下一个活动了。"说出不同图形的名称，直到所有幼儿都进入了下一项活动。

利用幼儿擀面饼的时间，问一问他们计划在比萨上放什么形状，放多少个。

为每个发展水平提供支架		
早期	**中期**	**后期**
幼儿可能	幼儿可能	幼儿可能
• 在比萨上尽可能多地摆放不同的图形。	• 数数，但未必完全正确（不按顺序数、跳数，或重复同一个数字）。	• 会数十个以上图形。
• 说出图形名称或进行分类（如："我用了很多的三角形。"）	• 能数出每种图形的个数（如："我的比萨上有 5 个圆形和 2 个三角形。"）	• 能制作出摆放图形数量更多、更少或相同的比萨（如："我和你一样，做了 4 个。"）
• 在比较图形时不会使用数值信息，而是使用如更大、更多、更小、更少以及一样之类的词汇。	• 会使用数量比较图形的多少，但说不出差额的数量（如："我有 3 个三角形，你有 2 个，所以我比你多。"）	• 能说出差额，即多出（少了）几个的圆形（如："我有 2 个圆形，你有 1 个圆形，所以我比你多 1 个。"）
• 用更多来表示数量（如幼儿说："我想要更多。"然后在比萨上摆放一个或更多图形）。		• 认识形状的特征（如："圆形全是圆的。""1、2、3，三条边组成了三角形。"）

教师可以

- 观察幼儿的行为（如："你在比萨上放了很多种图形，我想知道，有多少种呢？"）和幼儿一起数一数比萨上不同图形的数量，以及每种图形的个数。
- 说出幼儿正在使用的图形名称。
- 一边摆放图形，一边说出图形名称和个数（如："我要在比萨上放 3 个圆形，1、2、3。"）
- 问一问幼儿，他们还想要几个三角形（或其他图形），一边添加图形一边数一数。

教师可以

- 让幼儿制作特定的比萨（如："我想要一个比萨，上面有 2 个圆形和 1 个方形。"）
- 问问幼儿想做什么样的比萨。做的时候故意犯一个错误，看看幼儿是否会纠正它。如果幼儿没有纠正，那就这样说："这个看起来不对，你能帮我做一个你想要的那种有 3 个圆形的比萨吗？"
- 问一问幼儿："如果我也想要一个和你一样配料的比萨，应该选哪些图形呢？"

教师可以

- 描述一种形状（如："我想要一种带有图形的比萨，这个图形有四条边。"）
- 点一个比萨，上面圆形多于三角形。
- 点一个比萨，上面没有某种图形（如："你能给我一个图形没有弧线的比萨吗？"）
- 点一个比萨，它没有某个数量的图形（如："能给我一个没有 3 种图形的比萨吗？"）在解决同一个问题时，鼓励幼儿对不同的方法进行比较。

后续活动

- 在回顾时间，制作一个回顾比萨。画一个大圆形，把它分成几个扇形，并在上面标上活动室的不同区域（如积木区、艺术区）。让幼儿将图形放在他们工作过的区域。数一数图形的个数，看看活动室中每个区域各有多少幼儿。也可以在计划时间使用这一方法。

- 在加餐时间或用餐时间，和幼儿一起制作个性比萨（如，用皮塔饼或百吉饼制作比萨）。为幼儿提供一些配料，并让他们自己选择配料，决定在比萨上放多少配料。

- 相关活动：7. 扣子比萨；16. 买东西；23. 数字鱼：更大和更小；24. 数字鱼：小鱼排排队；36. 太多或太少的小熊。

10 制作图形

请幼儿用硬纸板做模型，将橡皮泥捏成或切成不同的形状。

活动时间	前期活动准备	内容领域	主题
小组活动	无	几何	形状

活动材料

幼儿和教师所需要的活动材料如下。

- 硬纸板或用其他坚固材料制成的圆形、三角形和长方形。
- 橡皮泥（或可塑形黏土），便于用刀或饼干模具切割出利落的边缘。
- 塑料刀具。
- 小擀面杖。

共用材料

- 三个用硬纸板制成的"饼干大烤盘"，一个是圆形，一个长方形，一个三角形。
- 三个篮子。

备用材料

- 饼干模具（每种图形一个）。

活动开始

- 在桌上摆放三个不同形状的硬纸板，然后告诉幼儿："我有三种图形"。和幼儿讨论一下不同图形的名称以及它们的特点（如，三角形有三个角，长方形有四条边，圆形是弯弧形的）。

- 像这样说："圆形看起来像一块饼干。你吃过三角形或长方形的饼干吗？"听听幼儿的回答，并对其做出评论。

- 像这样说："我要做各种形状的饼干。"然后做示范，用刀和模具在橡皮泥上切下各种形状的饼干，然后将它们与纸板的形状对应（对齐）。最后把每块饼干放在相同形状的硬纸板上。

- 给每名幼儿发一套活动材料，让他们自己做饼干。

活动过程

- 在幼儿探索活动材料时，和他们聊聊不同图形的名称、特点、相似点与不同之处。

- 重复幼儿的话，并向他们介绍与图形相关的词汇（如角度、角、点、面、边、弧形）。

- 请幼儿将他们做好的饼干放在烤板上。如果幼儿将饼干放在不对应形状的烤板上，不用纠正他们，可以这样说："你做了一个长方形饼干，放在了一个圆形的饼干烤板上。"

- 如果幼儿想用别的方法切饼干形状，那就为他们提供所需的饼干模具。

活动结束

- 为幼儿准备篮子以盛装不同形状的硬纸板，问问他们想用烤板上的饼干做什么（如，把它们放到娃娃家用来"烘焙"，随后在家长接幼儿放学时请家长"品尝"，再把玩具饼干揉成橡皮泥团的样子）。和幼儿一起收拾未用完的橡皮泥、刀和擀面杖。

- 在幼儿进入下一个活动时，让他们把身体变成饼干一样扁平。

为每个发展水平提供支架

早期	中期	后期
幼儿可能	幼儿可能	幼儿可能
• 用手握着或操作图形、工具和橡皮泥。 • 把橡皮泥揉、擀或切成特定的图形。 • 用橡皮泥盖住图形模具。	• 把图形模具按到橡皮泥上。 • 把橡皮泥揉、擀或切成（常见的或抽象的）图形，并能描述做法："我擀了橡皮泥，所以才会很平。我切出了一条直线。" • 能说出图形名称。 • 制作一种以上的图形，并进行评论："我每种做了一个。"	• 用橡皮泥按照模具的样式制作三角形、圆形或长方形。 • 用手塑或用刀切的方式制作三角形、圆形或方形。 • 描述形状的特征（如："看，我做了一个三角形，有三个角！"） • 把一个大的图形切成几个小的图形：将一个长方形沿对角线切成两个三角形，或将一个正方形平切成两个长方形。

教师可以

- 模仿幼儿使用图形、橡皮泥和工具的方式。
- 对幼儿的行为进行评论（如："你擀了橡皮泥，现在它是平的。"）
- 说出所有图形的名称。可以这样来说："你拿着一个三角形。詹娜（Jenna）正在擀一个圆形。我要切个方形。"

教师可以

- 用图形模具在橡皮泥上按压出图形，并描述做法。
- 描述幼儿的做法（如："你用长方形模具在橡皮泥上压了一个长方形。"）
- 描述幼儿制作的图形，包括不规则形状。使用如下词汇进行描述，如直的、弯的、尖的、圆的和平整的。

教师可以

- 鼓励幼儿说一说自己的图形。
- 问一问幼儿是否可以用别的方法制作同样的形状（如："你用模具在橡皮泥上压出了一个三角形。你可以用别的工具再做一个吗？"）
- 向幼儿提出挑战：用图形拆分或组合的方式拼出其他图形。说出他们拆分或组合的形状的名称，并进行描述。

后续活动

- 把塑料刀和图形模具放在艺术区，便于幼儿在工作时间使用。
- 再做一次这个活动，为幼儿提供圆形、长方形和三角形饼干模具（取代硬纸板模具）。让幼儿用饼干模具和湿沙（取代橡皮泥或黏土）制作图形。
- 制作各种形状的真正的饼干。
- 相关活动：2. 比较形状；7. 分辨形状；23. 发光的图形。

14　花式积木小怪兽（Pattern Block Critters）

幼儿用花式积木制作自己想象的小怪兽，请他们说一说自己使用的图形名称，描述图形的特点，以及他们拆分与组合这些图形的方式。

活动时间	前期活动准备	内容领域	主题
小组活动	无	几何	形状、空间 推理、变形

活动材料

幼儿和教师所需要的活动材料如下。

- 5—8 块三角形或四边形花式积木。
- 2—3 个分类用的空篮子，每个可容纳 8 块花式积木。
- 标有名签和图形的索引卡或其他活动材料。

共用材料

- 相机。

备用材料

- 备用花式积木，包括一些多边形积木。
- 纸和书写工具。

活动开始

- 告诉幼儿，今天要创造一些新的怪兽。
- 用正方形做一个小怪兽，给它起个名字叫"方形龙"。问问他们："你们知道我为什么给它起这个名字吗？"
- 给每名幼儿发一套花式积木和分类用的篮子（如果幼儿想要将他们的图形分类），然后说："我很想知道你们会做出什么样的小怪兽。"

活动过程

- 鼓励幼儿相互介绍自己的小怪兽的名字，并进行描述。
- 和幼儿一起讲讲他们的小怪兽是用什么积木做出来的，

以及积木形状的特点（包括正方形是一种特殊的长方形）。讲一讲他们是怎样把不同的形状拼装在一起（或组合）或拆分（或分解）的。

活动结束

- 问一问幼儿，他们是否想要给自己的小怪兽拍照或是贴名签。问问他们是否要把自己用到的图形列个清单。

- 问一问幼儿，他们是否要将自己做的小怪兽留存起来，以便明天再玩。和幼儿一起将所有没有用来制作小怪兽的三角形和四边形分类收纳起来。

- 让幼儿模仿小怪兽的样子进入下一个活动。

你也可以用泡沫做成的图形来完成这个活动，这样就能方便幼儿用胶水把作品粘贴在纸上了。

为每个发展水平提供支架

早期	中期	后期
幼儿可能	幼儿可能	幼儿可能
• 玩图形游戏，并把不同图形分类装到相应的篮子里。	• 能说出图形的名称，但并不是每次都正确。	• 描述图形的特点（如："正方形有四条边和四个角。"）
• 可以将图形进行组合拆分，但不尝试做小怪兽。	• 数一数每种图形的边和角。	• 使用方位词描述他们是怎样制作小怪兽的（如："这个三角形放在正方形的上面。"）
• 关注积木的颜色而不是形状（如："我的小鸟是用三个绿色和两个蓝色的图形做成的。"）	• 区分正方形和边长不同的长方形（如："那个不是正方形，因为这些边不一样长。"）	• 根据图形特点给小怪兽起名字（如："它叫三角头，因为它的头顶有个角。"）
• 评论形状和相似物品的相同之处（如，一边指着三角形，一边说："这块看起来像顶帽子。"）	• 将颜色和形状联系起来（如："绿色的都是三角形。"）	
• 把所有的四边形都叫作正方形。	• 不按形状特点给小怪兽起名字（如："这是我的小狗雷克斯。"）	

教师可以

- 对幼儿的分类进行评论（如："有三条边的图形都在这个篮子里，有四条边的都在另一个篮子里。"）
- 用图形的名称来指代不同的积木。
- 指出颜色和形状之间的联系（如："绿色的形状都叫三角形。"）
- 将图形与教室里的相似物品进行比较（如："橙色的图形像地上的瓷砖，它们都是正方形的。"）

教师可以

- 问一问某种颜色的积木是否是某种图形（如："是不是所有橙色的积木都是三角形？蓝色的积木呢？"）
- 比较和对比不同四边形的几条边（如正方形、长方形、菱形、梯形）。
- 将一种图形的角放在另一种图形的角上对比，问一问幼儿，哪个角大，哪个角小。

教师可以

- 介绍新图形，讨论如何区分相似的图形。
- 问问幼儿如何分辨一块积木是什么形状的，鼓励他们数一数边和角的个数。
- 问一问幼儿，在制作小怪兽时每种图形的个数，以及他们都用到了多少种图形。
- 问一问："我怎样才能做出你那样的小怪兽？"鼓励幼儿使用图形名称、动作和方位词来描述。
- 问问幼儿是如何想出小怪兽的名字的。

后续活动

- 鼓励幼儿让他们的小怪兽"动起来"，并使用方位词来描述它们的活动："你让它站起来了。乔纳森（Jonathan）的三角头在桌上倒退。"
- 给小怪物拍照，将照片贴在门上，在接送时间让幼儿与家长分享。
- 展示幼儿制作的小怪兽，并贴上幼儿给它们起的名字。
- 相关活动：19. 制作人形；21. 形状谜语；22. 形状故事。

8　装装看

幼儿用容积不同的两种量杯分别往一个大碗里装水，然后比较两种量杯分别要分几次才能把大碗装满水。

活动时间	前期活动准备	内容领域	主题
小组活动	无	测量	比较和排序（属性），测量术语，单位

活动材料

幼儿和教师所需的活动材料如下。

- 两种不同容积的量杯（一大一小）。
- 一个碗（或其他容器），其容积大于大号量杯。
- 纸和一支马克笔。

共用材料

- 几个大桶，用来放装碗游戏所需的各种材料（如五彩纸屑、细砾石、种子、沙子、水、雪）。

备用材料

- 其他容积的量杯。

活动开始

- 手持小号量杯，像这样告诉幼儿："我在想，需要用多少杯纸屑才能装满这个碗？"鼓励幼儿猜猜看。接着说："我们一起来数数看吧。"然后开始一起数。在这个过程中，向幼儿示范如何测量纸屑的多少：每次装入满杯纸屑，然后全部倒入大碗里，重复这个把纸屑倒入碗的过程，直到碗里的纸屑与碗边缘持平为止。每次把量杯里的纸屑倒入碗里时，都要数出倾倒的次数，并用笔在纸上画一个记数符号。重复一遍量杯装满大碗的最后一个次数，并把数字记录在纸上。再把碗里的纸屑清空倒回大桶里。

- 手持大号量杯，问一问幼儿：“这次换大号量杯，你觉得需要用多少杯纸屑才能装满这个碗呢？比刚才多还是少呢？”和幼儿一起猜一猜，然后开始测量。一边数次数，一边记录，操作程序和小号量杯的一样。

- 比较两组数字，然后评论一下哪种量杯装满大碗的次数更多，哪种更少。

- 给每名幼儿分发一个碗，两种量杯，纸和马克笔，并向他们展示不同的盛装材料。这样说："我想看看大家会用什么材料来装满大碗，数一数需要用多少杯才能装满。"

活动过程

- 在幼儿盛装和清空大碗时，教师要跟幼儿讲讲量杯的不同容积，并鼓励他们猜一猜不同的量杯分别需要用更多还是更少次倾倒才能装满大碗。帮助幼儿数一数倾倒的次数并记录好最终的数字。

- 评论一下大碗的容量，是没有

完全装满、装满一半、完全装满，还是空碗。当大碗还没有完全装满时，问问幼儿还需要用多少杯才能把剩余部分装满。

活动结束

- 讨论幼儿在纸上所做的计数标识和数字记录。如果幼儿得到的是不同的得数，鼓励他们说明问题的原因。

- 和幼儿一起清空所有的容器，并放回原来的位置，然后分类整理量杯和大碗。

- 根据幼儿刚才使用过的盛装材料过渡到下一个活动。比如可以这样说："用沙子装满大碗的小朋友，现在可以去享用零食了；用纸屑装满大碗的小朋友……"用这样的方式让所有幼儿过渡到下一个活动。（只有当幼儿可以记住自己第一次或最后一次使用的盛装材料时，教师才能运用这些信息进行过渡活动。如果幼儿记不清具体的材料信息也没关系，教师可以利用这个机会向幼儿介绍"第一次"和"最后一次"的概念。）

为每个发展水平提供支架		
早期	**中期**	**后期**
幼儿可能	幼儿可能	幼儿可能
• 盛装材料并倾倒到大碗里，但是没有装满或倒干净。 • 同时使用小号量杯和大号量杯。 • 使用模糊的语言描述量杯容量大小（如："我装满了一个小的。"） • 随机或是不切实际地进行估算（如："好多吨！"）	• 进行测量但不一定准确（没有完全装满或清空量杯，或者记错结果）。 • 没有用数字来比较量杯容量，以及量杯大小对装满大碗所需杯数的影响（如："这个更大，所以不需要装那么多杯。"） • 直观估算（没有进行测量）。	• 会数所倾倒的量杯数，并进行比较。 • 使用数字来比较量杯的容量大小及其对装满大碗所需要杯数的影响（如："因为它更大一些，所以少装两杯就能装满。"） • 指出碗里盛装材料的多少（如："再装一杯多一点就够了，否则就要溢出来了！"） • 认为无论盛装材料是什么，装满大碗所需的杯数是相同的。

教师可以

- 说一说幼儿使用的量杯大小和量杯数。
- 使用比较性的词汇谈一谈量杯（指着量杯这样说："小号量杯只到大号量杯的这里。"）
- 像这样说："来看看用小号量杯装几杯沙子才能把大碗装满。"（和幼儿一起盛装—点数—清空量杯）然后说："现在换大号量杯看看。"（重复盛装—点数的工作）问问幼儿产生不同结果的原因。

教师可以

- 对幼儿尝试测量表示认可；示范测量的方法。
- 鼓励幼儿进行比较性的估算（如："你用小号量杯装了六杯种子，把大碗倒满了。如果换更大的量杯来装满大碗，你需要多装几次还是少装几次呢？"）
- 鼓励幼儿根据量杯的大小估算数量："你说需要两小杯装满大碗。那用大杯需要装几杯呢？"
- 问问幼儿，如果换用不同的盛装材料，需要装几杯才能装满大碗。

教师可以

- 鼓励幼儿说一说需要多装或少装多少杯才能装满大碗，并让他们解释原因。
- 在盛装过程中，问问幼儿是否要改变他们之前的估算。可以这样说："现在装到一半了，你已经倒了五杯。刚才你估计要用六杯就能装满。现在你再猜一猜呢？"
- 为幼儿准备第三种容量的量杯。让幼儿估算一下用这种量杯要几次才能装满大碗，并说说原因。和幼儿一起来测量，看看结果，并进行讨论。

后续活动

- 重复做这个活动，为每名幼儿提供三种（或三种以上）不同大小的量杯。更换不同的盛装材料(参见共用材料中建议的替代物)和容器。鼓励幼儿对每种量杯装满大碗的次数进行估算、点数和比较。

- 在给幼儿发什锦果干时，问问他们想要几杯，是否愿意用大号量杯或小号量杯进行测量。用相同的方式示范每一个量杯盛出果干的过程，如果幼儿想要的杯数相同，可以用大小不同的量杯进行测量，比较一下他们的盘子里干果的数量。

- 鼓励幼儿在户外活动时间用不同大小的桶装满沙子或雪，让他们先估算，再试试看到底要提几桶才能把大盆倒满。在沙子或雪堆里垂直插木棍，用来标记倾倒的桶数。

- 相关活动：11. 舀多少？ 12. 挤多少？ 23. 玻璃吸管。

15 拼毛毛虫

幼儿以简单的模式用两种小图形制作毛毛虫或其他小动物。

活动时间	前期活动准备	内容领域	主题
小组活动	无	代数	交替模式；形状（几何）

活动材料

幼儿和教师所需要的活动材料如下。

- 用彩色美术纸剪出 5—10 个小圆形和 5—10 个小长方形（两种形状都用相同的颜色）。
- 纸。

共用材料

- 无。

备用材料

- 胶棒。

活动开始

- 教师在自己面前的纸上放一个圆形，给大家讲个故事，例如：从前，有一只很小的毛毛虫，它只有这个圆那么大。

- 在这个圆形后面再放一个方形，然后说："但之后，它吃了一个长方形，然后就变长了！"

- 继续讲故事。接着添加圆形、长方形、圆形、长方形（交替这种模式三次）。为吸引幼儿的注意力，你可以说："看起来毛毛虫在不停地吃，不停地长。它是以这样的模式长大的——圆形、长方形、圆形、长方形、圆形、长方形。"

活动过程

- 为每名幼儿提供一套圆形、长方形和一张纸。

- 告诉幼儿："为大家准备了一些圆形和长方形。我想看看大家的毛毛虫长什么样子。"

- 幼儿工作时，说出他们正在使用的图形的名称，并和他们聊一聊。指着图形并复述图形排列的顺序，评论幼儿是否按照一定的模式排列图形。
- 让幼儿说说他们的排列顺序或模式，以便教师学着他们来做一只毛毛虫。开始一种模式，然后请幼儿帮你继续完成或填补中间缺漏的图形。

活动结束

- 当幼儿将活动材料整理完毕后，交替展示毛毛虫的两个动作（如跪着爬行、匍匐前进）。让幼儿交替切换这两个动作，进入下一个活动。

幼儿工作过程中，如果教师坐在他们身旁，就会有很多机会跟幼儿聊一聊他们的排列组合模式。

为每个发展水平提供支架		
早期	**中期**	**后期**
幼儿可能	幼儿可能	幼儿可能
• 在纸上摆满图形，或者随机排列起来。 • 将纸按照形状分类。 • 在没有建构好模式时告诉大家自己创造了一种模式，或者询问自己是否做好了一种模式（如："我的是圆形、圆形、长方形、圆形。这是一种模式吗？"） • 只摆一次简单的包含两种元素的模式。	• 一种简单的模式至少重复三次。 • 创造一种简单的模式，但不会描述。 • 告诉大家自己创造了一种模式。 • 在自己的模式中变换使用了另一种图形（如："现在我要用圆形，然后再用长方形。"）	• 告诉大家怎样创造模式（如："你必须将同样的东西不停地重复。"） • 在开始或结束处拓展某个模式，或是在某个模式中插入一个缺失的图形。 • 发现模式中的问题，并修正。 • 创造一种复杂的模式（即有三个元素或单双交替，用ABC或ABB模式）。

教师可以

- 描述幼儿排列的图形（如："你在纸上放了圆形和长方形。"）
- 制作并描述一种模式。确定一种模式，例如："我要让毛毛虫长大。啊呜一口，吃了一个圆形。啊呜一口，吃了一个长方形。（至少重复三次。）现在它变成了一个更大的圆形—长方形模式了。"
- 鼓励幼儿模仿这种模式（如："我的毛毛虫很孤独。你能做一只一模一样的毛毛虫来做伴吗？"）
- 幼儿模仿了一次这种模式后，问问他们："接下来放什么呢？"

教师可以

- 鼓励幼儿描述自己的模式。
- 问问幼儿，他们的模式是怎么做成的。
- 征得幼儿的同意后，将一个圆形和一个长方形放在他们的纸上，然后说："这是模式的开始部分。你能帮毛毛虫完成后面的部分吗？"
- 改变模式中的一个元素，问一问幼儿，这还是不是同一个模式？为什么？
- 排列出不同的模式和没有规律的杂乱组合。问一问幼儿，哪些有特定的模式？哪些没有？为什么？

教师可以

- 改变模式的方向（横向或纵向），然后问问幼儿，是否还是之前的那种模式。
- 让幼儿来拓展模式（如："我的毛毛虫想吃更多的东西。你能改变它的模式喂喂它吗？"）
- 在某个模式中留个空，让幼儿来填补。
- 故意犯错，然后让幼儿来找错并修改。
- 创造一种复杂的模式（用三个模式或单双交替）。鼓励幼儿自己创造复杂的模式

后续活动

• 将（纸、毛毡布或泡沫等制成的）图形放在艺术区域。

• 再做一次这个活动，用两种不同颜色的相同图形制作一只彩色毛毛虫，或者用同一种颜色的三种不同图形（图形、长方形、三角形）来制作毛毛虫。当幼儿逐渐熟悉了建构模式，就可以改变图形的数量、形状或颜色。

• 相关活动：3. 边缘和框架；6. 水果台。

附录：可复制计划表

观 察 记 录

用此表记录今天你观察到的幼儿言行

_____

_____

_____

_____

_____

_____

_____

_____

_____

_____

_____

_____

_____

_____

_____

后 续 想 法

用此表记录你关于后续活动和工作的想法

_____

_____

_____

_____

_____

_____

_____

_____

_____

_____

_____

_____

_____

_____

_____

_____

课 程 计 划

用此表记录你自己的课程计划

 问候时间

 计划时间

第一组　　　　　　　　　　　　　第二组

 工作时间

课 程 计 划

用此表记录你自己的课程计划

 清理时间

 回顾时间

第一组   第二组

 小组活动时间

第一组   第二组

课 程 计 划

用此表记录你自己的课程计划

 大组活动时间

 其他

大组活动时间

出 版 人　李　东
策划编辑　孙冬梅
责任编辑　孙冬梅
版式设计　宗沅书装　沈晓萌
责任校对　贾静芳
责任印制　叶小峰

图书在版编目（CIP）数据

高瞻课程起步：30天课程计划／（美）贝丝·马歇尔，（美）香农·洛克哈特，（美）莫亚·费森著；沙莉等译．—北京：教育科学出版社，2017.12（2023.10重印）
（高瞻课程的理论与实践）
书名原文：Lesson Plans for the First 30 Days：Getting Started with HighScope
ISBN 978-7-5191-1109-0

I．①高…　II．①贝…　②香…　③莫…　④沙…　III．①游戏课—学前教育—教学研究　IV．① G613.7

中国版本图书馆 CIP 数据核字（2017）第 186048 号

北京市版权局著作权合同登记　图字：01-2017-2203 号

高瞻课程的理论与实践
高瞻课程起步——30天课程计划
GAOZHAN KECHENG QIBU——30 TIAN KECHENG JIHUA

出版发行	教育科学出版社			
社　　址	北京·朝阳区安慧北里安园甲 9 号	市场部电话	010-64989572	
邮　　编	100101	编辑部电话	010-64989395	
传　　真	010-64891796	网　　址	http://www.esph.com.cn	
经　　销	各地新华书店			
制　　作	宗沅书装			
印　　刷	保定市中画美凯印刷有限公司			
开　　本	787 毫米 ×1092 毫米　1/16	版　　次	2017 年 12 月第 1 版	
印　　张	15.5	印　　次	2023 年 10 月第 4 次印刷	
字　　数	242 千	定　　价	48.00 元	